essentials

essentials liefern aktuelles Wissen in konzentrierter Form. Die Essenz dessen, worauf es als „State-of-the-Art" in der gegenwärtigen Fachdiskussion oder in der Praxis ankommt. *essentials* informieren schnell, unkompliziert und verständlich

- als Einführung in ein aktuelles Thema aus Ihrem Fachgebiet
- als Einstieg in ein für Sie noch unbekanntes Themenfeld
- als Einblick, um zum Thema mitreden zu können

Die Bücher in elektronischer und gedruckter Form bringen das Expertenwissen von Springer-Fachautoren kompakt zur Darstellung. Sie sind besonders für die Nutzung als eBook auf Tablet-PCs, eBook-Readern und Smartphones geeignet. *essentials:* Wissensbausteine aus den Wirtschafts-, Sozial- und Geisteswissenschaften, aus Technik und Naturwissenschaften sowie aus Medizin, Psychologie und Gesundheitsberufen. Von renommierten Autoren aller Springer-Verlagsmarken.

Weitere Bände in der Reihe http://www.springer.com/series/13088

Thomas Schmidt

Modernes Management im Theater

Praxis Kulturmanagement

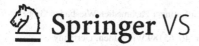

Prof. Dr. Thomas Schmidt
Theater- und Orchestermanagement
Hochschule für Musik und
Darstellende Kunst
Frankfurt, Deutschland

ISSN 2197-6708   ISSN 2197-6716 (electronic)
essentials
ISBN 978-3-658-32024-9   ISBN 978-3-658-32025-6 (eBook)
https://doi.org/10.1007/978-3-658-32025-6

Die Deutsche Nationalbibliothek verzeichnet diese Publikation in der Deutschen Nationalbiblio-
grafie; detaillierte bibliografische Daten sind im Internet über http://dnb.d-nb.de abrufbar.

Planung/Lektorat: Cori Antonia Mackrodt
Springer VS ist ein Imprint der eingetragenen Gesellschaft Springer Fachmedien Wiesbaden GmbH
und ist ein Teil von Springer Nature.
Die Anschrift der Gesellschaft ist: Abraham-Lincoln-Str. 46, 65189 Wiesbaden, Germany

Was Sie in diesem *essential* finden können

In diesem *essential* werden Sie einen Überblick finden über:

- Die aktuellen Ziele, Rahmenbedingungen und Diskurse des Theaterbetriebs.
- Die Strukturelle Krise und den Reformstau des Theaters.
- Die Organisations- und Produktionsweisen im Theater.
- Ein neues Management-Paradigma für das Theater und Instrumente eines modernen, ganzheitlichen Theater-Managements.
- Das Theater als zukünftiges künstlerisches Multi-Funktions-Unternehmen und als Lernende Organisation.
- Optionen und Reform-Prinzipien für die Zukunft der Theater und der gesamten Theaterlandschaft.

Inhaltsverzeichnis

Abbildungsverzeichnis

Verzeichnis der Übersichten

Das Theater und seine Ziele 1

Die Betrachtung der Begriffe Theater und Management ist von zwei getrennt ver-
handelten, jedoch eng miteinander verschränkten Entwicklungspfaden geprägt:
Zum einen hat sich Theater im Laufe seiner Entwicklung aus der Mitte der
Gesellschaft, der Polis, immer mehr an deren Rand bewegt, sich damit immer
stärker marginalisiert und zur Disposition gestellt. In der griechischen Polis war
das Theater mit seinen jährlichen Festspielen ein Höhepunkt der Gesellschaft.
Es wurde von den Athener Bürgern getragen, die jährlich ausgelost wurden, um
die Festspiele zu finanzieren und zu organisieren, um die Arbeit der Autoren
zu honorieren und den Bau, wie auch den Unterhalt der großen Freilichttheater
zu bestreiten – was damals Auszeichnung und Ehrensache war. Heute wird
das Theater nur noch von 9 % der Bevölkerung genutzt, nur ein Viertel der
Menschen betrachtet das Theater überhaupt noch als wesentliche gesellschaftliche Ressource und Freizeit-Alternative. Neben dem Fernsehen sind vor allem
das Internet und die Digitalisierung der Lebenswelt immer mehr in den Mittelpunkt der Aktivitäten gerückt. War das Theater selbst im Berlin des Jahres 1900
noch das wichtigste Ereignis, hat diese Wertschätzung in den letzten 120 Jahren
rapide abgenommen. Erst die Covid-Corona-Krise des Jahres 2020 hat deutlich
gemacht, was zur Disposition gestellt wird, wenn die Menschen sich von einem
auf den anderen Tag nicht mehr begegnen können – zum Beispiel auch, um
gemeinsam Theater zu schauen, zu reflektieren und miteinander zu diskutieren.

Der **zweite** Entwicklungspfad bezieht sich auf die sukzessive Entmachtung der
Künstler*innen in den Theatern selbst. Sie sind im Laufe der letzten 450 Jahre in der
westlichen Welt von einer ursprünglich teilhabenden Funktion an der Konzeption
von Programmen und der Planung von Inszenierungen großer Kompanien, z. B.
zur Zeit SHAKESPEARES, innerhalb der stehenden Theaterbetriebe ebenso
marginalisiert worden, wie die Theater in der Gesellschaft selbst. Im Laufe der

© Springer Fachmedien Wiesbaden GmbH, ein Teil von Springer Nature 2020   1
T. Schmidt, *Modernes Management im Theater,* essentials,
https://doi.org/10.1007/978-3-658-32025-6_1

Jahrhunderte sind aus einst kollektiv geleiteten Theater-Kompanien hierarchisch organisierte Betriebe geworden, denen ein **Künstler-Funktionär,** der sogenannten **Intendant** vorsteht. Der Schwerpunkt hat sich von einem Ensemble auf den leitenden Funktionär verschoben, woraus später die Missverständnisse erwuchsen, dass das Theater zur Verfügung des Intendanten und seiner Interessen stünde und dass das Theatermanagement mit der Leitung des Theaters durch den Intendanten verbunden sei – was noch aufzuklären sein wird. Der Intendant, meist männlich, weiß und dominant, konzentriert heute nicht nur alle Entscheidungs-Macht auf sich, sondern er verantwortet zudem auch die wesentlichen inhaltlichen, konzeptionellen, künstlerischen und wirtschaftlichen Bereiche allein und muss diese Verantwortung innerhalb des Theaterbetriebes nur bedingt teilen. Das führt nicht selten zu erheblichen Krisen, zu Vertrauensverlust, Grenzverletzungen und Machtmissbrauch (Schmidt 2016, 2019b). Vor dem Hintergrund dieser Krisen möchte ich Vorschläge unterbreiten, die Zukunft des Theaters durch ein **modernes Theatermanagement** zu ermöglichen und zu gestalten, also ein Theatermanagement,

- dass die Themen Macht, Arbeitsbedingungen, Diversität, Inklusion, Rassismen und Ungerechtigkeit, sowie
- die gesellschaftlichen Rahmenbedingungen und deren stetige Veränderung ebenso reflektiert und aktiv begleitet,
- wie die Veränderung des Begriffes Management selbst. Damit verbunden ist die Reflexion der neuesten Entwicklungen im Bereich des nachhaltigen und des Ethischen Managements.

Dass eine solche Reform notwendig ist, wird offensichtlich angesichts des starken Risses durch das Theater, der durch die Ungleichzeitigkeit der Entwicklungen im Künstlerischen und im Managerialen Bereich ausgelöst wird. Auf der einen Seite die stetige künstlerische Entwicklung des deutschen Theaters: nach großen Höhepunkten zur **Zeit der Weimarer Republik,** u. a. mit Max Reinhardt am Deutsches Theater ab 1905, *König Ödipus* im Arenatheater 1910, mit Erwin PISCATORS Inszenierungen und der Volksbühne Berlin 1920–1927, und vor allem **wieder seit 2000.** Mit zeitgenössischen Zugriffen von Thomas OSTERMEIER in der Baracke des Deutschen Theaters (1997/1998) und als Intendant der Berliner Schaubühne (1999 – heute), und Inszenierungen Frank CASTORFFS, Rene POLLESCHS, Christoph SCHLINGENSIEFS und Christoph MARTHALERS erfuhr das deutsche Theater zeitweise wieder einen deutlichen künstlerischen Aufschwung, allerdings ohne strukturelle Auswirkungen. Regisseur*innen und Autor*innen mit neuen Konzepten treten fortlaufend in das Theater ein, und die Künstler*innen der virulenten Freien Szene tragen mit ihren Projekten und Konzeptarbeiten dazu bei, den Begriff des

Theaters künstlerisch neu zu prägen und dessen Grenzen auszudehnen (Prinzip Gonzo, Phillip Ruch, She She Pop, Rimini Protokoll, Gob Squad, Ligna, Signa, u. a.). Das Freie Theater und die Stadttheater haben längst damit begonnen sich künstlerisch zu befruchten, was allerdings auch eine Durchdringung der Produktionsweisen erforderlich macht. Der größere Teil der Schauspiel-Häuser und -Sparten bleibt zwar mehrheitlich bei mimetischen und psychologisch-reflexiven Darstellungsformen, wichtige Nachwuchs-Regisseur*innen „infiltrieren" mit ihren Inszenierungen aber längst das Stadttheater. Dabei ist ein Auseinanderdriften zwischen den innovativen, zeitgenössischen künstlerischen Handschriften und Formaten und den stagnierenden hierarchischen Strukturen und Management-Instrumenten zu verzeichnen, was immer wieder zu Verwerfungen führt. Zudem nimmt die **Kritik** zu, vor allem an

- den vertraglichen und Arbeits-Verhältnissen der künstlerisch Beschäftigten,
- der belastenden Überproduktion, sowie
- sinkenden Zuschauer*innenzahlen und abnehmender Legitimität.

Die Kritik mündet in Debatten (nachtkritik.de) und Diskussionen (Akademie der Künste, 2017; Bund Freier Theater 2020, u. a.). Diese Entwicklungen werden in den **Zielen des Theaters** reflektiert, die sich anders als noch vor wenigen Jahren heute auf vier verschiedene Felder konzentrieren, von denen sich die Einbindung der Stakeholder zum gewichtigsten entwickelt hat. Die Künstlerische Arbeit schließt sich hier unmittelbar an. Auf der managerialen Seite bleiben das ressourcenschonende Management des Theaters und die Organisation der Strukturen eng miteinander verknüpft (Abb. 1.1).

Heute geht es vor allem um die Frage, wie ein modernes Theatermanagement mittels diverser, nachhaltiger und zukunftsorientierter Ansätze über das Management i.e.S. auch moderne Theaterstrukturen und **Arbeitswelten** entwickelt und gestaltet. Das setzt einen Wandel jener verkrusteten Unternehmenskultur voraus, die Rituale, Hierarchie und Kästchen-Denken des alten Stadttheaters konserviert und der noch immer die Folklore eines beschämenden „Das haben wir schon immer so gemacht!" als Rettungsanker dient. Hier setzen Reformen für mehr Mitbestimmung, Gerechtigkeit und flache Strukturen an, getragen durch eine transparente Kommunikation, mit der *geteilte Produzent*innenschaft* und ein *geteiltes Management* im Theater vermittelt werden.

Das Theater muss seine Bedeutung als Ort gesellschaftlicher Reflexion ausbauen und dafür sowohl künstlerische (Inszenierungen, lecture performances, digitale und andere neue Formate) als auch innovative Formen der Auseinandersetzung mit der Öffentlichkeit finden. Hier werden die **kritischen Diskurse** reflektiert, die aus verschiedenen gesellschaftlichen Blickwinkeln Ungerechtigkeiten, Rassismen,

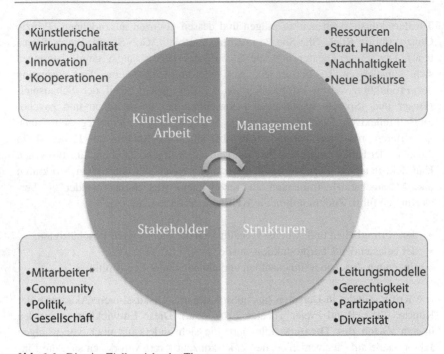

Abb. 1.1 Die vier Zielbereiche des Theaters

Aneignungen und Diskriminierungen offenbaren und adressieren. Ein modernes Theatermanagement muss gerechte Strukturen schaffen, um den auf der Bühne formulierten ethischen Maßstäben gerecht zu werden und um nicht Gefahr zu laufen, die angeprangerten Missstände hinter der Bühne zu kolportieren.

Meine Reformvorschläge sind eng verbunden mit einer Institutionskritik des Theaters. Erste Überlegungen hierzu müssen noch vertieft werden und in die Reformprozesse einfließen, um diese für ein Modernes Management des Theaters zugänglich zu machen. Eine Institutionskritik entsteht aus einer gemeinsamen künstlerischen, managerialen und wissenschaftlichen Perspektive und umfasst die großen, die Institution Theater reflektierenden Bereiche (Dramaturgie, Künstlerische Produktion, Kommunikation, Management, Anknüpfung des Theaters an die Gesellschaft). Im Bereich des Managements würde neben der strukturellen vor allem die instrumentelle Ebene eine besondere Bedeutung erfahren, mit der Leadership und Macht, Ressourcen und Kommunikationsweisen, aber auch Nachhaltigkeit und Ethik reflektiert werden können und dem Management wie auch der Institutionskritik eine neue Qualität verleihen.

Das Feld des Theaters

2

Die deutsche Theaterlandschaft ist die Arbeitsfläche für ein modernes, zukunfts-
fähiges Theatermanagement, und sie ist das kulturelle Feld des Theaters. Sie ist
größter und integraler Bestandteil der deutschen Kulturlandschaft und Träger
verschiedener wichtiger Kulturtechniken (performatives Spiel, Sprechen,
Gesang, Tanz, Bühnenmusik, Videoinstallationen). Sie differenziert sich in verschiedene, sich miteinander verflechtende Teilgebiete (Festivals, Produktions-
häuser, freie Szene, Öffentliches Theater) von denen die Öffentlichen Theater mit
140 Betrieben, 40.000 Mitarbeiter*innen und einem Umsatz von 2,3 Mrd. € p. a.
(DBV 2019) der größte, kulturpolitisch wichtigste Teilbereich sind.

Das Theater heute hat verschiedene Funktionen und Aufgaben, die sich über-
lappen und ineinander übergehen. Im besten Fall ist es ein zentraler Ort der
Begegnungen, der Debatten, des Austauschs, der persönlichen Entwicklung
der Zuschauer*innen und der Künstler*innen. Es ist vor allem auch ein Ort
beständiger künstlerischer Entwicklung und Präsentation und des künstlerischen
und kulturellen Lernens. Ein Modernes Management des Theaters wird hierfür
organisatorische und instrumentelle Voraussetzungen schaffen, um damit einen
engagierten Ausgleich zwischen der Utopie des Theaters und seiner beständig
sinkenden Relevanz herzustellen.

Die strukturelle Krise und der Reformstau

Die deutschen Theater befinden sich seit der Wiedervereinigung der Theaterland-
schaften Deutschland – Ost und West (1990) in einer dauerhaften **strukturellen
Krise,** die – gemessen an den gesellschaftlichen Entwicklungen – mit einem
erheblichen Reformstau verbunden ist. Seit knapp 120 Jahren haben keine
wesentlichen strukturellen Veränderungen des Theatersystems stattgefunden,
die zu einer Verbesserung der Arbeitsbedingungen geführt hätten. Bereits
ab 1970 gab es Proteste und erste Demokratisierungs-Bemühungen an den

© Springer Fachmedien Wiesbaden GmbH, ein Teil von Springer Nature 2020
T. Schmidt, *Modernes Management im Theater,* essentials,
https://doi.org/10.1007/978-3-658-32025-6_2

Theatern (IDEN 1979). Die damaligen Reformen wurden jedoch nicht voll-
ständig umgesetzt, zudem hat eine unerprobte und übermäßige Gremienarbeit die
Künstler*innen erschöpft und zu stark von der künstlerischen Arbeit abgehalten.
Auch in der Folge der Fusion der Theaterlandschaft Ost auf die Theaterlandschaft
West im Jahr 1990 haben kaum Reformen stattgefunden. Vielmehr wurden im
Osten Deutschlands Theater in Größenordnungen abgebaut, weil der Bühnenverein kaum Bereitschaft zu Reformversuchen und strukturellen Alternativen zeigte
und den ostdeutschen Landesregierungen zu einer Vielzahl an Schließungen,
Fusionen und Personalkürzungen riet. Die künstlerische und kulturelle Substanz
im Ostteil des Landes halbierte sich dahingehend in den ersten zehn Jahren
nach der sog. Wende (1990–2000). Allerdings gibt es seit 2015 starke, von verschiedenen Verbänden getragene Bewegungen, die nicht nur die Rechte der
Ensembles stärken, sondern auch Reformen anstrengen, um die Theaterlandschaft
nachhaltig zu verändern und zu stärken.

Der Begriff der strukturellen Krise subsumiert andere Teilkrisen: die Finanz-,
die Krise der Legitimation und die Überproduktionskrise. (Schmidt 2016) Die
sinkende Relevanz und Legitimität, die anhand abnehmender Zuschauerzahlen
festgestellt werden kann, sind weitere Zeichen dafür, dass sich das Theater in
einer institutionellen Erstarrung befindet (DBV 1990–2020). Aus der Krise und
den gegensteuernden Aktivitäten der Reformbewegungen (art but fair, BFFS,
ensemble-netzwerk, Pro Quote Bühne) eröffnen sich allerdings Zukunftsoptionen
für die Theater.

Der gegenwärtige **Reform-Stau** wird im Wesentlichen verursacht durch:

- strukturelle Verwerfungen (veralteter Organisationsaufbau und Leitungs-
  strukturen),
- eine unterschiedliche Entwicklung und deshalb schlechte Verzahnung künstlerischer und administrativer Bereiche an den Theatern (Dichotomie),
- unzureichende Kommunikations- und Wissensstrukturen, die den Herausforderungen des 21. Jahrhunderts nicht mehr Stand halten,
- fehlende Mitbestimmung, vertragliche Differenzen, Ungerechtigkeit,
  stagnierende Entwicklung von Berufsbildern und fehlende Weiterbildungen,
- unzureichende und veraltete manageriale Instrumente und
- unzureichende Management- und psychologische Kompetenzen in den
  Leitungen.

Der Reformstau überfordert die modernisierungsbedürftigen Theaterstrukturen
und führt zu falschen Planungen, einem wenig optimalen Ressourceneinsatz, fehlenden Innovationen und einer physischen und mentalen Über-
forderung der künstlerischen Mitarbeiter*innen – und demotiviert diese.

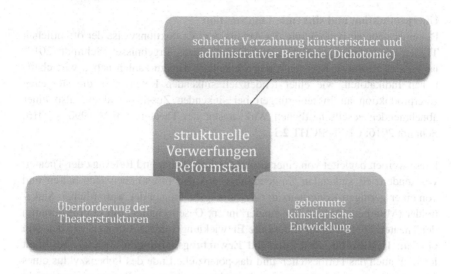

Abb. 2.1 Strukturelle Verwerfungen und Reformstau im öffentlichen Theaterbetrieb

Die Produktionsprozesse können sich deshalb inhaltlich, künstlerisch und konzeptionell nicht ausreichend weiter entwickeln. Dies lässt sich anhand verschiedener Indikatoren messen (Abb. 2.1):

- Entwicklung der **Überproduktion** (steigende Zahl der Neuproduktionen und Vorstellungen),
- Reduzierung der **Reichweite** (sinkende Zahl an Zuschauern je Vorstellung und je eingesetzter Mio. €),
- Vergrößerung der **Stückkosten** (steigende Kosten je Aufführung; Schmidt 2016).

ÜBERSICHT 2.1 Entwicklung der Vorstellungszahlen der öffentlichen Theater in D. (Deutscher Bühnenverein 2016, Vergleichende Theaterstatistik: 1949/50–1985/85)

	1959	1962	1967	1975	1985	2014	2015
Veranstaltungen	22.401	30.000	30.906	30.247	32.749	63.680	63.087
Besucher (mio.)	8,5	20,6	19,8	17,4	16,4	19,6	19,6
Besucher/ Veranstaltung	381	687	640	576	502	308	312

Überproduktion und sinkende Legitimation
Bei einer näheren Betrachtung der Arbeits- und Produktionsweise der öffentlichen
Theater und einer genauen Untersuchung ihrer Ergebnisse (Schmidt 2017)
lassen sich deutliche Krisenanzeichen erkennen. Hierzu zählen neben wirtschaft-
lichen Indikatoren, wie einer tendenziell sinkenden Reichweite, die steigende
Überproduktion an Inszenierungen bei sinkenden Zuschauerzahlen, also einer
abnehmenden gesellschaftlichen Wirksamkeit des Theaters (DBV 1990 – 2016;
Schmidt 2016; ÜBERSICHT 2.1).

Diese werden begleitet von einer sinkenden Legitimität und Relevanz der Theater,
von tendenziell sinkenden Zuwendungen aus den öffentlichen Haushalten und
von einer geringen Kongruenz der Erwartungshaltungen der wesentlichen Stakeholder (Mitarbeiter*innen, Zuschauer*innen, Gesellschafter) mit dem Programm
der Theater. Die Erkenntnis, dass die Entwicklung von Institutionen von den drei
Größen: **Legitimität, Relevanz** und **Erwartungshaltungen** abhängt, bestimmt
letztlich auch das Fortbestehen und das potenzielle Ende des Lebenszyklus eines
Organisationstyps, insofern er sich nicht gravierenden Reformen unterzieht
(Meyer und Rowan 1977).

Fehlendes Krisen- und Risikomanagement
Die Leiter der Häuser sind als Künstler naturgemäß strukturell damit überfordert,
adäquat auf strukturelle Krisen zu reagieren: Die Mehrheit von ihnen ist deshalb
nicht in der Lage den Herausforderungen und Krisen zu begegnen und managerial
die Schritte einzuleiten, dass sich daraus zügig eine Erholung und ein daran
anschließender künstlerischer und wirtschaftlicher Aufschwung für die Theater
ableitet. Die Ursachen hierfür sind die fehlende manageriale und psychologische
Ausbildung der Intendanten und eine daraus resultierende, von künstlerischen
Aspekten geprägte Leitung und Steuerung der Theater. Dies wird verstärkt durch
das **Intendantenmodell,** das darin verankerte Paradigma der Allein-Entscheidung
und eine Planung, die institutionelle Risiken nicht reflektiert und zu wenig Freiräume für strukturelle Reformen und künstlerische Innovationen eröffnet.
      Neben der Einrichtung eines modernen Managements, zählt es deshalb zu
den wichtigsten Zukunftsaufgaben, dass sich die Theater nachhaltig mit den sich
schnell verändernden Rahmenbedingungen, den Wünschen der Stakeholder, Sehgewohnheiten und Diskursen, wie auch mit neuen Tendenzen (Digitalisierung,
u. a.) auseinandersetzen, die sich von den Rändern der Kunstfelder mit hoher
Geschwindigkeit in deren Zentren bewegen und die Felder miteinander ver-
binden. Wissenschaften, Technologien und in deren Folge auch die Künste entwickeln sich in einem rasanten Tempo, dem die verhärteten Strukturen und die

Kultur des Theaters derzeit nicht angemessen begegnen können. Es besteht kein Zweifel daran, dass sich neben den Strukturen deshalb auch die **Organisations-Kultur** und die **Identität** des Theaters wandeln müssen, hin zu einem weltoffeneren, international und gesellschaftlich orientierten Theater, dass sich in Wissens-, Kultur- und internationalen Künstler*innen-Netzwerken bewegt und sich in neuen Kooperationen und institutionellen Formen einbettet. Auch die Auseinandersetzung mit der Digitalisierung muss auf einem höheren Niveau stattfinden. Nur wenige Theater waren während der Corona-Krise im Frühjahr/Sommer 2020 in der Lage, mit den neuen Medien innovativ und künstlerisch exzellent umzugehen. Es fehlt ein anderer Umgang mit Wissen und Lernen. Auch wenn Theater über einen 3500 Jahre alten Fundus an Texten und einen 400 Jahre alten Fundus an Opern verfügt, sind die Menschen vor allem an modernen Zugriffen interessiert. Gemeinsame Think Tanks mit Wissens- und Kultur-Institutionen könnten zu einer radikalen Erneuerung des Theaters in struktureller, managerialer und künstlerischer Sicht führen.

Ich möchte aufgrund der genannten Problemstellungen ein **ganzheitliches und kritisches Theater-Management** vorstellen, dass die Umwelt- und Mitarbeiter-bezogenen, die administrativen und managerialen ebenso wie die künstlerischen Aspekte des Theaterbetriebes erfasst und in eine **moderne Künstlerische Organisation** übersetzt.

Die gesellschaftlichen Herausforderungen und Diskurse werden darin als Treibsätze einer progressiven Entwicklung verstanden. Mitbestimmung, kollektive Leitungsmodelle, gelebte Demokratie und offene kritische Diskurse schaffen Freiräume für künstlerische Entwicklungen, führen zu einem respektvollen Umgang miteinander in den Theatern und ermöglichen eine verbesserte Ansprache bestehender und neuer Zuschauergruppen. Um dorthin zu kommen ist es wesentlich, die Dilemmata der deutschen Theaterlandschaft genau zu erkennen, zu analysieren und daraus Modelle zu entwickeln, die großzügige Reformen erlauben, mittels derer erstmals auch die Stake-Holder des Theaters in ihrer Gesamtheit, mit ihren Wünschen und Interessen gespiegelt werden – ein Versäumnis, das bislang zu erheblichen Fehleinschätzungen und Verlusten an potentiellen Unterstützer*innen, Kollaborateur*innen und Zuschauer*innen des Theaters geführt hat. Nur von diesem Punkt der Erkenntnis aus, die auf vielfältigen Analysen und Untersuchungn beruht, kann auch erkannt werden, welche Transformationen für das Theater möglich und welche notwendig sind, wie die hierfür wesentlichen Reformen organisiert und umgesetzt werden müssen und wie ein neues, modernes und kritisches Theatermanagement ein geeignetes Instrumentarium entwickelt, um die zugehörigen Prozesse zu entwerfen, zu begleiten und umzusetzen.

Modell, Organisation und Produktionsweisen des Theaters

3

3.1 Dichotomie, Eisberg und Schalenmodell des Theaters

Dichotomie beschreibt die Zweiteilung der internen Strukturen und Prozesse innerhalb des Theaters und deren vertraglich voneinander getrennte und strukturell verschiedene Arbeitswelten seines Personals, das geteilt ist in eine Gruppe künstlerisch und eine Gruppe technisch-administrativer Beschäftigter. Es beschreibt, dass das Theater immer noch nicht bereit ist auf seine kulturell und historisch begründete Mentalität zu verzichten und die beiden Bereiche zusammen zu denken und zu behandeln. Diese Dichotomie abzustellen und zu einer ganzheitlichen Betrachtung und Organisation des Theaters zu kommen, wird deshalb zu den ersten und wichtigsten Aufgaben des modernen Theatermanagements gehören.

Plastisch kann man dies durch einen Eisberg visualisieren, dessen sichtbarer künstlerischer von einem schwer unter Wasser liegenden administrativen Teil in seiner Ausrichtung und strukturellen Einordnung dominiert wird.

Das Theater funktioniert als **Schalenmodell** (Abb. 3.1), in das als Teile des Betriebs sowohl die Spielzeit wie auch die einzelnen Inszenierungen eingebettet sind. So entstehen die für das Theater sehr typischen, hermetischen Produktions-Zusammenhänge. Während auf der Ebene der einzelnen Inszenierung die Proben im Mittelpunkt stehen, ist es auf der Ebene der Spielzeit das **Programm** das zum wesentlichen Management-Instrument des Theaters wird, an das sowohl die einzelnen Inszenierungen angedockt sind, mit dem aber auch eine Verzahnung im Theaterbetrieb erfolgt, der sich nach den Maßgaben einer Spielzeit ausrichtet. Auf der Ebene des Gesamt-Betriebes kommen neue Instrumente hinzu: Strategisches Management und Entwicklung – Stakeholder-Management – Ressourcen Management – Diversity Management. Um ihre Wirksamkeit zu entfalten, müssen sich die Instrumente der verschiedenen Ebenen miteinander verzahnen.

© Springer Fachmedien Wiesbaden GmbH, ein Teil von Springer Nature 2020
T. Schmidt, *Modernes Management im Theater*, essentials,
https://doi.org/10.1007/978-3-658-32025-6_3

11

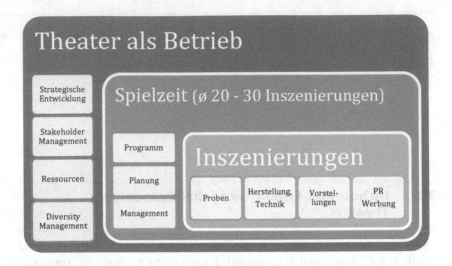

Abb. 3.1 Das Schalenmodell des Theaterbetriebes (Schmidt 2020)

Wie jede andere Organisation wird auch das Theater durch seine Prozesse (1) und seine Struktur (2) bestimmt, die gemeinsam den Betrieb definieren. Im Mittelpunkt der Prozesse stehen dabei die Konzeption von Programm und Inszenierungen sowie deren Entwicklung und Realisierung gemäß des **Produktions-Zyklus der Theater.**

Kern der heutigen Struktur aller deutschen Theater ist das **Intendanten-modell,** also der **zentralistische Aufbau** der Theater mit einer Spitze (Intendant), untergeordneten Direktorien und Abteilungen in der Gliederung einer stark bürokratisierten Verwaltung (s. Abschn. 4.2). Eine Leitung des Theaters findet derzeit vor allem von der Spitze der Organisation aus statt. Es handelt sich um ein **hegemoniales Management,** dass die Entscheidungsmacht ganz klar beim Hegemon (Intendanten) konzentriert und die Vorstellungen und Interessen der nach-geordneten Ebenen nur bedingt – im Rahmen der Realisierung der eigenen Pläne – zulässt. Anzustreben sind deshalb Leitungs- und Entscheidungsmodelle mit kollektivem oder partizipativen Charakter. In einem Leitungskollektiv (z. B. Direktorium, s.u.) werden Entscheidungen in Abstimmung miteinander nach einem Mehrheitsprinzip gefällt. Sie reflektieren dabei vor allem fachliche Aspekte. Eine Kompetenz- und Wissensorientierung erfolgt bei partizipativen Leitungsmodellen, bei denen Entscheidungen im Dialog mit allen Ebenen des

ÜBERSICHT 3.1 Die drei Management-Typen am Theater (Schmidt 2020)

	hegemonial	kollektiv	partizipativ
Entscheidungen	Ausschließlich beim Intendanten	Im Leitungskollektiv	Auf allen Leitungsebenen
Entscheidungs-findung	hegemonial	Kollektiv, in Abstimmung miteinander, qualifizierte Mehrheiten bildend	Kompetenz- und wissensorientiert, im Dialog und Rahmen einer offenen Kommunikation ausgehandelt
Durchsetzung v. Entscheidungen	Autoritär, disziplinierend	Durch Ansprache und Motivation	Durch Partizipation und geteilte Verantwortung, Arbeitsgruppen
Verantwortung	Beim Intendanten	In der Fachverantwortung bei den Leitern, die gemeinsam die Gesamt-verantwortung tragen	Geteilte Verantwortung auf allen Ebenen; lediglich gegenüber dem Gesell. verantwortet die erste Leitungsebene
Kommunikation	Top Down	Top-Down, Bottom up	Zirkulierend, AG, Kommunikations-Blasen

Theaters getroffen und durch Partizipation und geteilte Verantwortung getragen werden. Aus Sicht heutiger Überlegungen ist dieses Modell anzustreben, wenn ein Theater echte Veränderungen initiieren und die Vielzahl an Problemen nachhaltig lösen möchte. Ein modernes und kritisches Management im Theater kann diese Modelle mit seinen Instrumenten begleiten und unterstützen. (ÜBERSICHT 3.1).

3.2   Programm, Spielplan-Gestaltung und Künstlerische Qualität

Das wesentliche strategische Instrument im Theater ist nicht – wie in einem klassischen Unternehmen – der Wirtschafts- sondern der **Spielplan.** Er ist der wichtigste Produktionsplan, von dem aus das Theater in den Spielzeiten konzipiert, plant, entwickelt, inszeniert und präsentiert. Damit erhält die **Spiel-plan-Gestaltung** den Stellenwert, der ihr als Management-Instrument gebührt, weil sie künstlerische, wirtschaftliche und planerische Elemente dort in sich ver-schmilzt. Sie ist damit das Herzstück des Theatermanagements. Dabei kann eine gut moderierte Spielplan-Gestaltung die betriebliche Planung mit den wirtschaft-lichen Ressourcen-Anforderungen in sich aufnehmen (Schmidt 2019 a,b).

Das Programm ist der Querschnitt aller Positionen und Titel einer Spielzeit. Es ist eine Verdichtung dieser Elemente. Man kann es als eine **künstlerische Struktur** betrachten, an der im Vorfeld und während einer laufenden Spielzeit gearbeitet wird. Es ist Konzept und Gefäß, das im Wesentlichen den Leitgedanken und die Eckpunkte der Spielzeit enthält. Ihm liegt der programmatische Gedanke einer Spielzeit zugrunde. Spielplan-Gestaltung folgt dabei einem **Algorithmus** aufeinander folgender Phasen (Abb. 3.2).

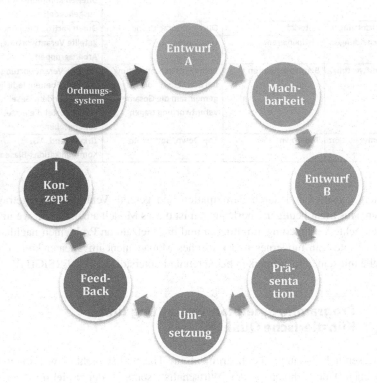

Abb. 3.2 Die Phasen der Spielplan-Gestaltung (Schmidt 2018)

Spielplan des Schauspiels Leipzig (2017/2018)

ÜBERSICHT 3.2 Spielplan des Schauspiels Leipzig (2017/2018)

Schauspielhaus Leipzig	Diskothek (mittlere Spielstätte)	Residenz (kleine Spielstätte)
Kasimir und Karoline Horvath	Wolken.heim (Jelinek)	Ivana Müller Partitur/ Conversations
Gewonnene Illusionen Copy&waste	Mein Hohlraum (Hargesheimer) UA	Doublelucky Productions The hairs on your head
Der Gelbe Nebel (Wolkow)	Prinzessin Hamlet (Karhu) DSE	Doris Uhlich Everybody Electric
König Ubu (Jarry)	Eigentlich müssten wir tanzen (Helle) UA	She She Pop Eigentum. Ein Oratorium
Sechs Personen suchen einen Autor (Pirandello)	Über die Grenze (Lindemann) UA	Hermann Heisig Slave to the Rhythm
Gespenster oder Denkwürdigkeiten eines Nervenkranken (Schreb)	Lebendfallen (Maci) UA	Julia Hetzel The automated Sniper
Angst essen Seele auf (Fassbinder)	Wolfserwartungsland (Wacker) UA	Außer Haus, u.a.
Echo Chamber Gob Squad Kopr. HAU	Paradies Fluten (Köck)	Gefährliche Liebschaften Der Streit (in Gohlis)
Toot! (Veldman) Kopr. mit Ballett Leipzig		Little shop of Flowers copy & waste

Der Gesamt-Spielplan wird zum **Management-Instrument** des Theaters, mit der Abfolge der einzelnen Inszenierungen als wesentliches künstlerisches Ergebnis, über das sich das Theater präsentiert und seine Handschrift(en) entwickelt. Dies wird im Beispiel-Spielplan des Schauspiels Leipzig (2017/18) (ÜBERSICHT 3.2) sehr gut verdeutlicht, der nicht nur die zeitliche Abfolge der Inszenierungen, sondern auch die Parallelität der drei verschiedenen Spielorte im (Schauspielhaus, Diskothek, Residenz) und außer Haus deutlich macht. Dabei gibt es unterschiedliche Ansätze. Einige Theater bauen auf mit dem Haus fest verbundene Hausregisseur*innen und/oder auf Regie-führende Intendanten, die mit einzelnen Inszenierungen die künstlerische Säule des Theaters entwickeln, um die herum weitere Inszenierungen von Gast-Regisseur*innen gruppiert werden – wobei dem Intendanten oder dem Regie-führenden Leiter einer Sparte (Schauspiel, Musiktheater, Tanz) das Primat eingeräumt wird. Er definiert auch die künstlerische Ausrichtung, die Besetzung der wichtigen Regiepositionen und die Vakanzen bei den Akteur*innen. Dominierende Intendanten-Regisseure waren Frank CASTORFF (Volksbühne Berlin bis 2017), Claus PEYMANN (Berliner Ensemble bis 2017), Matthias HARTMANN (Burgtheater Wien bis 2014), u. a.. Das positive Beispiel eines Intendanten, der gleichgewichtig auch die künstlerische Expertise seiner Hausregisseur*innen (Katie Mitchell, Falk Richter u. a.) und seiner Dramaturgie einbezieht ist der Leiter der Berliner Schaubühne, Thomas OSTERMEIER. Aufgrund der Vielfalt an spannenden, neuen und jüngeren Handschriften löst sich das Modell des „Künstler-Genies" im Theater mehr und mehr auf. Heute legt ein Theater Wert darauf, mit einer Vielfalt an Handschriften ein künstlerisch qualitätsvolles Programm zu zeigen, neue Regisseur*innen zu entdecken und vielfältige Wirkungen zu erzielen (ÜBERSICHT 3.3).

ÜBERSICHT 3.3 Künstlerische Qualität (Qualitative Performance) eines Theaters (Nach Schmidt 2017)

Kategorie	Bereiche	
Künstlerische Wirkung	Entfaltung künstler. Wirkungsmöglichkeiten	Kooperationen, Gastspiele, Festivals, Theatertreffen, Ausbildungsmöglichkeiten; Schulen, Jugendliche
	Ensembles	Engagement von Stars u. Nachwuchs führt zu Transfer von Erfahrungen, Integration In die Stadt, Image-Bildung
	Inszenierungen	Rezensionen
	Publikum	Auslastung, Zuschauer, Einnahmen Freundeskreis, Formen der Unterstützung
Künstlerische Nachhaltigkeit	Repertoire	Ø Spieldauer von Inszenierungen in Wochen (Messung von Trends, Durchschnittswerte in Gruppen)
	Stakeholder	Grad der Verankerung in der städtischen und regionalen Community, Förderer (langfristige Planung und Bindung) Nachhaltige Förderung durch Gesellschafter,
Künstlerische Entwicklung	Der performativen Künste	Entwicklung von neuen Stoffen/Stücken, oder, Opern/Kompositionen, Choreographien/Performances, Techniken und Stilen; Künstlerischen Formaten
	Des Theaters als Organisation	Entwicklung von neuen Modellen: Kollektive Leitung und Produktionsformen; Prozessorientierte Strukturen Mitbestimmung, Beteiligung, Diversität, Inklusion
Imagetransfer	Streuung von Talenten und Handschriften	Streuung von Talenten, Nachnutzung von Stoffen; Gastspiele, Kooperations-Anfragen

Zum einen besteht für ein gutes Theatermanagement ein instrumenteller Freiraum, um eine qualitätsvolle Entwicklung der künstlerischen Arbeit zu begünstigen und nachhaltig zu beeinflussen. Hier gibt es immer wieder auch Theater, die trotz ihrer geringeren Größe und Ressourcen-Ausstattung eine besondere Aufmerksamkeit erzielen (*Marburg, Dortmund, Oberhausen, Rudolstadt, u. a.*). Der andere Aspekt ist der alternative Ansatz einer Programmierung, der zu sogenannten Mischformen zwischen dem Modell des Primats *einer* Künstlerischen Handschrift und **kollektiven Handschriften** führt, in denen

z. B. fest angestellte Haus- und weitere freie Regisseur*innen das Gesamt-programm bestreiten und einander in der gemeinsamen Arbeit mit dem Ensemble befruchten und entwickeln. Vorbildlich ist hier die Arbeit des Leitungs-Duos Nikolas STEEMANN und Benjamin von BLOMBERG am *Zürcher Schauspiel-haus,* denen es gelingt, dass acht Hausregisseur*innen/Handschriften und eine ästhetisch wegweisende Dramaturgie nicht nur ein gutes Programm entwickeln, sondern sich auch aktiv an Diskursen beteiligen. Auch das Ensemble ist hier ein ausschlaggebender Faktor und wird aktiv mit einbezogen.

3.3 Produkt, Produktionsweisen und Produktionszyklus

Das Theater konzipiert, entwickelt und produziert in erster Linie Aufführungen und Programme für ein spezifisches Publikum, wobei sich die künstlerische Bandbreite in den einzelnen Sparten und Genres aufgrund interdisziplinärer Einflüsse zwischen Sprache, Bewegung, Performance, Musik und Drama beständig erweitert. Interdisziplinäre Ansätze innerhalb der Mehrsparten-häuser und zwischen den Sparten Drama, Oper, Tanz selbst finden nur sehr vereinzelt statt. Das Programm wird begleitet von Vermarktungs-Strategien, PR-Maßnahmen und diskursive Programmen, mit denen Publikum gewonnen bzw. stärker an das Haus gebunden und das Theater besser in der Stadtgesellschaft platziert werden soll. Ergänzt werden diese Entwicklungen aber noch viel zu selten im Rahmen eines geschlossenen *Stakeholder Management*-Ansatzes, um bessere Erkenntnisse über die Anspruchsgruppen des Theaters und Möglichkeiten ihrer Beteiligung zu gewinnen. Daraus sollten Strategien entwickelt werden, um die oft noch übliche, unscharfe und unspezifische Vermarktung des Theaters und seines Programmes stärker zu fokussieren und damit effektiver zu machen.

Der **Produktionsprozess** (Inszenierungsprozess) besteht aus fünf Haupt-Phasen:

- **Planung** und Vorbereitung einer Produktion (Entwicklung einer Idee, Vor-gespräche über Stoffe und erste Besetzungen, Vor-Konzeption),
- Entwicklung einer **Konzeption** und Vorbereitung einer Inszenierung (Verträge mit Regieteam, Bühnen- und Kostümkonzept, Bauprobe),
- **Inszenierung** und Probenprozess (Kernprozess 1: Tägliche Proben, Her-stellung von Bühnen- und Kostümbild, Endproben, Generalprobe),
- Premiere, Realisierung der Inszenierung (Kernprozess 2: Premiere, Vor-stellung kommt anschließend ins Abend-Repertoire, Vermarktung),

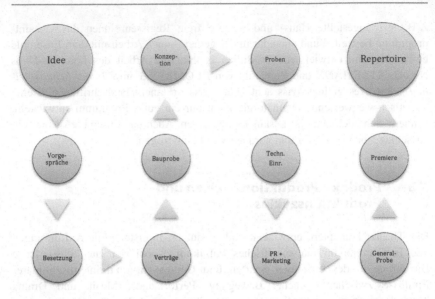

Abb. 3.3 Produktions-Zyklus am Theater: Von der Idee zum Repertoire (Schmidt 2020)

- Vorstellungsbetrieb und Post-Produktion (Schmidt 2012, 2019a; Abb. 3.3).

Verdichtet werden die im ⌀ 25 Produktionsprozesse einer Spielzeit in einem großen **Produktions-Tableau,** der Jahres-Disposition, die wiederum aus dem Spielplan hervorgeht. Es gliedert sich in Monats-, Wochen- und ständig aktualisierte Tagespläne, in denen die Mitarbeiter*innen des Betriebsbüros die komplizierte Logistik, knappe Räume, Personal und Ressourcen miteinander kombinieren. Bemerkenswert sind die mehrdimensional verlaufenden Produktionsstränge, von denen in einigen Häusern drei, vier oder sogar fünf parallele Produktionen in den verschiedenen Probenräumen und Spielstätten stattfinden. Hinter dieser Mehrdimensionalität verbirgt sich die große Planungskunst der Theater, die vom **administrativen Management** (Geschäftsführung, Betriebs- und Technische Direktion) verantwortet wird, während das **künstlerische Management** für Teile der Spielplanung und die *künstlerische Überwachung* der Inszenierungen zuständig ist. **Spielplan, Disposition, Inszenierung** und Vorstellung sind die wesentlichen Schnittstellen, allerdings muss Modernes Theater-Management darüber hinaus Aspekte der Human Resources (HR), der Kommunikation (PR), des Stakeholder- (SHM) und des Finanzmanagements (FM) beinhalten.

Im Theater ist der **Planungs-Prozess also mehrgliedrig.** Wobei Oper eine deutlich langfristigere Planung als Schauspiel hat, die weit in der Zukunft liegende Premieren, Konzerttermine und Gastspiele umfasst. Der Grund hierfür ist der Planungsmodus im Geschäftsbereich der klassischen Musik, der mehrere Jahre in die Zukunft verlagert ist, angefeuert durch ein Dutzend Agenturen, die alle wichtigen Sänger*innen, Dirigent*innen und Solo-Instrumentalist*innen unter Vertrag haben und die Preise diktieren. Gut subventionierte Opernhäuser, ein luxusorientierter Festspielmarkt und die Konzepte der Agenturen führen zu einer marktliberalen Preisgestaltung, die der finanziellen Realität der Kultur-Haushalte diametral entgegensteht und die gesellschaftliche Integrität des Klassik-Segmentes und der Oper als Kulturtechnik nachhaltig zu beschädigen droht.

Die Besonderheit am Theater ist, dass der Produktionsprozess zeitlich versetzt mit den folgenden und den überlappenden Inszenierungen stattfindet. Nachdem eine Premiere herausgebracht wurde, beginnen die Proben für das nächste Stück meist schon in der folgenden Woche. Im Vorlauf dessen haben die Konzeptionsgespräche, erste Planungsprozesse und die Bauprobe stattgefunden, die Schauspieler*innen haben ihre neuen Textbücher erhalten und studieren ihre Rollen ein, und die Sänger*innen haben ca. sechs Monate vor Beginn der szenischen Proben mit der musikalischen Einstudierung ihrer Partien begonnen. Zieht man von einer Spielzeit sechs Wochen Spielzeitpause ab, bleiben 10 ½ Monate Proben- und Produktionszeit (Netto), in der je nach Größe des Hauses, der Zahl der Spielstätten, Budget und Größe des Ensembles – bezogen auf den Durchschnitt aller Theater – zwischen 20 und 30 neue Produktionen inszeniert werden. Die Belastungen für Ensemble und Personal sind beträchtlich, je mehr die Theater produzieren, da die Künstler*innen wie auch das Personal zusätzlich zu den Tagesproben an mehreren Abenden in der Woche in Repertoirevorstellungen beschäftigt sind.

3.4 Organisation, Organigramm und Management-Matrix

Die Organisation umfasst alle Arbeitsabläufe zu Vorbereitung, Planung, Produktion und Vertrieb und bezieht zudem die Koordination der Produktionen und Aufführungen sowie das Ressourcen-Management mit ein. Im Wesentlichen sind hierfür die Produktionsleiter*innen, die Spartendirektor*innen und die Assistent*innen zuständig.

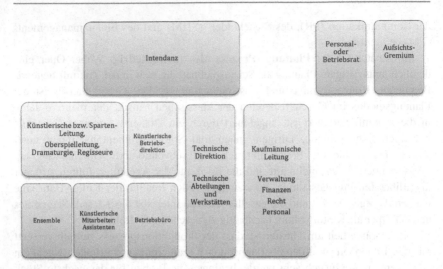

Abb. 3.4 Aktuelles Organigramm eines Theaters, vereinfacht (Schmidt 2016, 2020)

Dabei kommt es im Theater zu einem natürlichen Konflikt zwischen Prozess und Ergebnis. Direktoren und Mitarbeiter*innen der künstlerischen Abteilungen beziehen ihre Arbeit auf den **künstlerischen Prozess** und die Entstehung eines Kunstwerkes. Das Management konzentriert sich auf das Ergebnis, die fertige Produktion, die dem Publikum angeboten werden kann, sowie auf die davon ausgehenden Wirkungen. Weil sich Intendanten in erster Linie als **Künstlerische Leiter** sehen, vernachlässigen sie die managerialen Anforderungen und den wichtigen Komplex der Wirkungen, der für die Legitimität des Theaters von Bedeutung ist. Zwei oder mehr gleichberechtigte Direktor*innen, auch aus nichtkünstlerischen Bereichen, in einem **Leitungsgremium des Theaters** würden das Potenzial besitzen, das bisherige Ungleichgewicht wieder stärker zugunsten einer ganzheitlichen Sicht auszutarieren. In der Abb. 3.4 ist ein Klassisches Intendanten-Modell dargestellt, in dem die Künstlerischen Leitungsbereiche grün, die Administrativen Bereiche blau und die Künstlerischen Bereiche violett aufgezeichnet sind, um die Teilung des Theaters nachvollziehen zu können.

In einem **Direktorialen oder Partizipativem Modell** würde sich die tiefe Staffelung der Hierarchie deutlich abflachen. Während z. B. drei Direktor*innen (Künstlerische Leitung; Management; Stakeholder) auf der ersten und weitere drei bis vier auf der zweiten Ebene (Marketing/Kommunikation; Programm/ Künstlerische Konzeption; Technik; Planung; Ensemblevertretung) ein Direktorium mit weitreichenden Kompetenzen darstellen, stehen sie zugleich als direkte Ansprechpartner*innen für die Mitarbeiter*innen ihrer Abteilungen zur Verfügung.

Die Aufteilung der Direktorate kann zukünftig je nach Typ des Hauses und von den Stakeholdern bevorzugten Schwerpunkten erfolgen, auch kann eine Leitung bis zu einer Größe von sieben bis acht Mitgliedern noch arbeitsfähig sein und die im Theater erforderlichen Entscheidungen schnell und nach Mehrheitsprinzip treffen, wenn davon ausgegangen wird, dass jede*r der Direktor*innen einen Bereich vertritt in dem sie/er eigenständig entscheidet und verantwortet, so lange hiervon keine existenziellen oder strategischen Fragen des Theaters betroffen sind, die grundsätzlich im Kollektiv zu besprechen und zu entscheiden sind.

Die Management-Matrix des Theaters

Das Theater befindet sich an der Schnittstelle verschiedener Felder: das Künstlerische, das Manageriale und das Administrative Feld. Die Stake-Holder der Bürokratien , die Kunstministerien und die Kulturämter der Kommunen, haben in den letzten Jahrzehnten mit ihren Regeln, Verwaltungsvorschriften und Finanzierungsklauseln auf eine Verfestigung und Aushärtung der Verwaltungsapparate der Theater gedrängt. So sind Theater-Verwaltungen entstanden, die weit von modernen Management-Strukturen entfernt sind. Der Abstand zur gesellschaftlichen Umwelt wird immer größer und die Lücke ist kaum noch zu schließen. Das Künstlerische Feld, der eigentliche Kern des Theaterbetriebs, befindet sich in einem Zustand der Autarkie und eines Primats, dem sich die Verwaltung (Bürokratie) und das noch junge Management beschwerlicherweise unter- und beizuordnen haben. Eine mangelhafte, oft sehr einseitige Kommunikation erschwert die Zusammenarbeit und das Zusammenwachsen zu einer wirksamen und ganzheitlichen Organisation, in der die Bereiche auf Augenhöhe zusammenarbeiten und sich aus dem strukturellen Dilemma heraus weiterentwickeln, um die Zukunft des Theaters nachhaltig sichern zu können.

Erst seit jüngerer Zeit gibt es auch das **Feld des Managements im Theater,** das sich seit der Umwandlung etwa der Hälfte aller Theaterbetriebe in privatwirtschaftlich agierende GmbH immer weiter ausdehnt. Auch ohne rechtliche Umwandlung wurden neue Elemente eingeführt, wie die Doppelte Buchführung, die Bilanzierung, Umweltvorschriften, die Regeln einer ordnungsmäßigen Geschäftsführung, Risiko- und Qualitäts-Management, Controlling und Revision. Es werden in den kommenden Jahren weitere Bereiche, wie das Stakeholder- und das Diversitäts-Management, das Ethische Management und die Good Governance hinzukommen.

Zudem entwickelt sich das Management außerhalb des Theaters immer mehr hin zu einer aktiven Organisationsgestaltung, die weggeht von der rein ertragsorientierten Sicht auf ein Unternehmen, hin zu Wirksamkeit, Nachhaltigkeit und

Zukunftsfähigkeit. Nicht der kurzfristige Ertrag steht im Vordergrund, sondern die langfristig stabile Organisation, ihre Wirkung, die Kompetenzen und das Wissen ihrer Mitarbeiter*innen, die Kraft zur Identifikation und Nutzung der Potenziale und die Entwicklung von Werten. Das Management der Theater steht deshalb vor einer Zerreißprobe: Jüngere, gut ausgebildete Theater- und Kulturmanager*innen versuchen aus den alten Verwaltungen funktionierende Betriebe zu machen, die den wachsenden Herausforderungen entsprechen, während die Theater, deren Leiter, der Bühnenverein und die Politik weiter verharren, um ihre eigenen Machtpositionen abzusichern. In folgender Matrix stelle ich die Herausforderung dar und entwickle auf den drei klassischen Managementebenen – normativ, strategisch und operativ – die **Elemente eines Modernen Managements** im Theater (**MTM**).

Im Modernen Theater-Management werden die bislang kaum verknüpften Instrumente miteinander verbunden und die bürokratischen Elemente zurückgeschnitten. So entstehen neue, maßgebliche Management-Instrumente (MI):

Auf der **normativen Ebene** entsteht eine *Künstlerische Unternehmens-Vision* (KUV), in der auf Grundlage einer Vision der Stakeholder eine Unternehmens-Philosophie des Theaters und ein ganzheitliches Leitbild entwickelt werden, das über eine Intendanz-Periode (5 Jahre) hinausgeht und das nicht bei jedem Intendanzwechsel erneuert werden kann und darf. Auf der **strategischen Ebene** entsteht ein Integrierter Spiel- und Wirtschaftsplan (ISWP). Um den Spielplan herum werden die Instrumente (Planung, Qualitäts- und Wissensmanagement, u. a.) angeordnet. Auf der **operativen Ebene** sind dann nicht mehr die Wochen- und Tagespläne maßgeblich, sondern die Inszenierungs- und Produktions-Planung (IPP), in die ein Informations- und Planungs-System integriert wird. Diese drei Konzepte werden auf der strategischen Ebene miteinander verknüpft. Dieses Modell werde ich in Kürze und a.a.O. detaillierter ausführen.

3.5   Struktur, Macht und Kultur

Reformen sind nicht möglich, ohne die Struktur des Theaters zu verändern und die Arbeitsbedingungen der Künstler*innen zu verbessern. Wesentlicher Ansatzpunkt ist nach mehreren Untersuchungen das **Intendantenmodell,** das in Deutschland mehrheitlich genutzte Leitungs- und Organisationsmodell. Es geht von einem Intendanten aus, der alle Entscheidungsbefugnisse und damit die gesamte Macht auf sich konzentriert. Es ist geprägt durch einen vertikalen und streng hierarchischen Organisationsaufbau in Sparten und Abteilungen, die gegeneinander wenig durchlässig sind. Dadurch wird der horizontale Produktionsverlauf beeinträchtigt und zu einer **strukturbedingten Trägheit** geführt, während der Produktionsdruck durch die Überproduktion immer größer wird, sodass es zu täglichen Zerreißproben in den Arbeitsabläufen kommt. Eine großflächige Studie (2018) mit 1966 Theaterschaffenden Teilnehmer*innen, hat gezeigt, dass das hierarchische Intendantenmodell und die vom Intendanten ausgeübte Macht ethisch kaum noch vertretbar sind und abgelehnt werden (Schmidt 2019). Die fehlende Mitbestimmung der Ensembles und die große Vertrags- und Gagenungerechtigkeit zwischen Mitarbeiter*innen der großen Tarifgruppen (Musiker, Verwaltung/Technik) und Künstler*innen werden als reformbedürftig verstanden. Kritisch betrachtet werden auch die unzureichende interne Kommunikation und die meist fehlende Personal-Entwicklung.

Hinzu kommen:

1. Eine **geringe Belastungsfähigkeit** bestehender Strukturen und der in ihnen wirkenden Personen, dem **hohen Produktionsdruck** gerecht zu werden und mit entstehenden Problemen und Krisen innovativ umzugehen (insbes. kleinere und mittlere Stadttheater).
2. Die Unfähigkeit, eigene **Fehlfunktionen** (Leitungsmodell, Krisen- und Personalmanagement) zu erkennen, zu verändern und wieder funktionsfähig zu machen; hiervon sind in erster Linie die großen Leuchtturmtheater (Opern und Staatstheater) betroffen.
3. Ein **Ungleichgewicht** aus Überangebot an Vorstellungen und Platzkapazitäten und tendenziell sinkender Nachfrage der Zuschauer (mittlere Stadttheater).

Handlungsfelder, interne und externe Strukturen
Der Organisationsaufbau und die damit verbundene Struktur der Theater sind gekoppelt an die letzten Reformen der internen Theaterstrukturen um 1900 und der allgemeinen Vergesellschaftung der privaten Theater um 1920 durch die Kommunen, wodurch ein starker öffentlicher Theater-Sektor entstand. Seitdem haben weder Reformen der Aufbau-Organisation, noch der internen Strukturen der Theater stattgefunden. In ÜBERSICHT 3.4 habe ich die wesentlichen Engpässe und Handlungsempfehlungen zusammengefasst. Dabei liegen die Schwerpunkte auf der Entwicklung einer ganzheitlichen Theater-Organisation mit ausreichend internen und externen Schnittstellen, um den zukünftigen Ansprüchen an ein modernes Stake-Holder-Management gerecht zu werden. Interne und externe Kommunikationswege werden ausgebaut und vereinfacht, um Voraussetzungen für die weitere Vernetzung des Theaters und ein modernes, überregional aktives Produzenten- und Koproduktionsmodell zu schaffen. Mehr Partizipation, der Abbau der Überproduktion und eine Entschleunigung der Prozesse werden zu einer verbesserten Verteilung der Ressourcen, mehr künstlerischen Mitteln je Produktion und einer höheren künstlerischen Qualität und

Wirksamkeit führen. Das Theater kann damit endlich sein strukturelles Defizit aufarbeiten und die Grundlagen für den Aufbau einer nachhaltigen und zukunftsfähigen Theater-Organisation legen.

ÜBERSICHT 3.4 Strukturelle Handlungsfelder des Theaters und ihre Reflexion (Schmidt 2020)

Handlungsfelder	Interne Strukturen	Externe Strukturen
1 Leitungs-, Betriebs- und Kooperationsformen	Steile Hierarchien, präsidiale Strukturen unflexible Rechtsformen, Trennung zw. Künstlerischen und nicht-künstl. Abteilungen	Zu starkes Abhängigkeitsprinzip von den Zuwendungsgebern; sinkende Legitimation; unzureichendes Verständnis der Besucherstrukturen + Dynamik
Lösungsansätze	Ganzheitliche Organisation Matrixorganisation, Direktorien Einheitstarifvertrag; Schaffung von Schnittstellen	Abgrenzung zwischen operativer/künstlerischer Verantwortung und Aufsicht. Stakeholder-Management
2 Kommunikation	Mangelhafte Kommunikation zwischen Leitung und Mitarbeiter*innen	Mangelhafte Kommunikation mit politischen Gremien, Zuschauern, *Stakeholder*n
Lösungsansätze	interne Kommunikation zu einem Schwerpunkt ausbilden; Vernetzung, Produzentenmodell	Vereinfachung Kommunikationswege, Reduzierung der Berichterstattung an Politik,
3 Verteilung und Mobilisierung Ressourcen	Steigende Personalkosten, sinkende Mittel für künstlerische Projekte	Weitergabe Tarifsteigerungen, fehlende Förderung zusätzlicher Projekte
Lösungsansätze	Neue Ensemblestrukturen, weniger Neuproduktionen, Partizipation	Mobilisierung zusätzlicher Mittel für Tarifsteigerungen, künstlerische Produktionen
4 Produktionszyklus	Lange Planungsvorläufe, zu enge Taktung, ständiger Vorstellungswechsel	Erwartungshaltungen der Zuschauer und der Politik an Dichte/Vielfalt des Programmes
Lösungsansätze	Kürzere Planungsvorläufe, Entschleunigung, Producer/Produktionsleiter	Strategisches Marketing und Strategische Kommunikation; Konzentration des Programms,

Ein neues Management-Paradigma für das Theater

4

Auf den folgenden Seiten möchte ich mit dem **Modernen Management im Theater (MMT)** ein neues Management-Modell für die Theater vorstellen.

4.1 Unternehmenskultur, Soziale Sensibilität und Multi-Funktions-Unternehmen

Theater wirken durch die künstlerische Exzellenz ihrer Mitarbeiter*innen. Sie sind das Kapital des Theaters. Es liegt also auf der Hand ein Theatermanagement aufzulegen, in dessen Mittelpunkt das **Personal,** aber auch die anderen **Stakeholder** stehen, allen voran die städtische Community, in die das Theater eingebettet ist, die Menschen, die in der Stadt/Region leben, mit ihren Interessen, realen Bedürfnissen und Sehnsüchten. Dazu gehören auch die Organisationen im Umfeld des Theaters, mit denen auf verschiedenen Ebenen zusammengearbeitet wird, und die Politik mit ihren Gremien, die in verschiedenen Rollen mit dem Theater verbunden ist. Als Gesellschafter, als fachliche Aufsicht, als Partner.

Je stärker das Theater als Teil eines großen Sozio- und Ökotops verstanden wird, desto größer wird schließlich auch der Erfolg einer nachhaltigen und zugleich sozial sensiblen Ausrichtung, die die neue **Kultur des Theaters** wesentlich mitbestimmen wird. Der Grad der **Sozialen Sensibilität** entscheidet über das Maß und das Gelingen der Integration des Theaters in seine Lebenswelt, der Erfolg wird gemessen anhand der Akzeptanz einer Organisation durch ihr Umfeld. Ein positiver Side Effect ist, dass die Legitimität des Theaters steigen wird mit einer starken sozialen Integration in seine Community und in das Feld seiner Stakeholder.

© Springer Fachmedien Wiesbaden GmbH, ein Teil von Springer Nature 2020
T. Schmidt, *Modernes Management im Theater*, essentials,
https://doi.org/10.1007/978-3-658-32025-6_4

Ein ganzheitliches Management beruht auf der integrierenden Kraft einer **Unternehmenskultur,** die die Veränderung und Verbesserung der Gesellschaft durch das eigene künstlerische und gesellschaftliche Wirken ins Auge fasst und hierbei immer die Endlichkeit der Ressourcen und deren nachhaltigen Einsatz, wie auch die Auswirkungen des eigenen Einflusses auf das Soziotop berücksichtigt. Dabei sollte sich das Theater auf seinen Reformbedarf und seine Fähigkeit zu Innovationen besinnen und sich immer als **Lernende Organisation** verstehen, während es die ursprünglichen Ideale und Begründungs-Ideen des Theaters vor dem Hintergrund der aktuellen und zukünftigen Anforderungen kritisch reflektiert.

Im modernen Theatermanagement geht es um die Entwicklung einer integrierenden Steuerungs-Idee. Mit ihr sollen die auseinanderlaufenden Interessen der Stakeholder, der Abteilungen untereinander, der Leitung und der Mitarbeiter*innen, des Außen und des Innen, des Theaters und seiner Gesellschafter/ der Politik zusammengeführt werden. Zentral ist deshalb eine ganzheitliche Unternehmensgestaltung, mit der die wesentlichen Potenziale des Theaters weiterentwickelt werden. Dazu zählen das **Wissen** und die **Lern-Ideale** (Bereitschaft), die **Kreativität** und die **Kompetenzen** der Mitarbeiter*innen und die von ihnen ausgehenden unternehmerischen und **künstlerische Interventionen.** Wie keine andere Kunst-Gattung verknüpft das Theater **Kultur-Techniken** (Licht, Ton, Musik, Text, Sprache, Stimme, Bewegung), die wesentliche Bausteine für dessen Zukunft sein werden.

Dazu zählen aber auch der Einsatz von modernen Technologien im Bereich der Technik, von innovativen Instrumenten und Konzepten im Bereich des Managements und der Digitalisierung (siehe Abschn. 4.2).

Vom Stadttheater zum kreativen Multi-Funktions-Unternehmen
Eine der wichtigsten Zukunftsaufgaben des Theaters und seiner Mitarbeiter*innen wird es sein, sich mit sich schnell verändernden Rahmenbedingungen, Publikumswünschen, Sehgewohnheiten und Diskursen, wie auch mit neuen künstlerischen Stilen und Formaten auseinanderzusetzen. Wissenschaften, Technologien und mit ihnen auch die Künste entwickeln sich in einem rasanten Tempo, weshalb sie durch die derzeitigen Strukturen des Theaters nicht mehr ausreichend reflektiert werden können. Während die Strukturen in einem nächsten Schritt dringend reformiert werden, besteht kein Zweifel daran, dass sich auch die Identität und die Kultur des Theaters wandeln müssen, hin zu einem weltoffenen, sich in **Netzwerken,** neuen Kooperationen und institutionellen Formen **einbettendem** Theater, dass die alte, im vergangenen Jahrhundert vorherrschende Unternehmenskultur hinter sich lässt und in dem die Potenziale aller Stakeholder zur Geltung kommen.

Theater werden – dies wäre ein möglicher Weg – zu **kreativen Multi-Funktions-Organisationen,** deren Kern das Theater bleibt, aber das von einer Hülle mit Filterfunktionen ummantelt sein wird, in die sich zahlreiche kreative und künstlerische Netzwerke, Teams und Kollektive verlinken und einbetten, und deren künstlerische Inhalte den Theaterkern ebenso beeinflussen, wie der Theaterkern seine Hülle.

Anbei drei Modelle:

In **Typ 1** haben sich die Stakeholder entschieden, dem Theater Zentren zuzuordnen, die der Qualitätsstärkung und der Erweiterung des Wirkungsfeldes in drei Bereichen (Zirkus, Musik-Produktion, Work-Life-Balance) dienen sollen. Das Theater ist hier mit diesen Zentren verschmolzen, was bedeutet, dass die Zentren und Abteilungen des Theaters in Personalunion koordiniert werden können, um hohe Synergien herzustellen (Abb. 4.1).

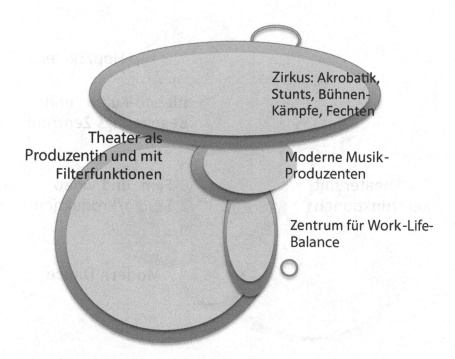

Abb. 4.1 Typ 1 – Theater mit halb-integrierten Zentren zur Qualitätsstärkung

Typ 2 konzentriert sich sehr stark auf eine Anbindung des Theaters an Zentren die eng mit der Jugend-Kultur der Community verbunden sind, wie zum Beispiel ein Begegnungs- oder ein Tanzzentrum. Hier sind die Zentren nicht so eng an das Theater gekoppelt wie in Typ 1. Die Überlegungen hier gehen in die Richtung, dass die von der Community betriebenen und unterstützen Zentren ihre Ziele und Interessen autark ausagieren, es aber zu einer engen Kooperation mit dem Theater in den drei Bereichen kommt (Abb. 4.2).

Typ 3 ist das Diskurs- und Lern-Orientierte Theater der Zukunft, zu dem ein leicht überlappendes Diskurs- und Lernzentrum ebenso wie ein Digitales Archiv der Performing Arts gehören. Das Theater kann sich langfristig zu einem herausragenden Veranstaltungs-Ort entwickeln und sein Archiv zu einem international vernetzten Wissens-Zentrum ausbauen (Abb. 4.3).

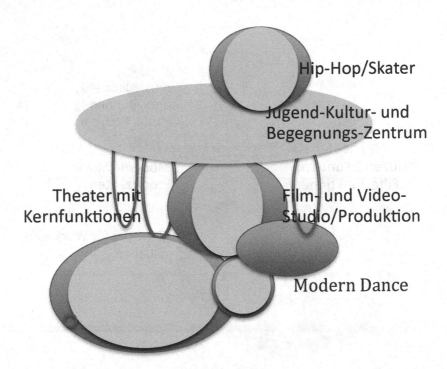

Abb. 4.2 **Typ 2** – Modernes Jugend-Kultur-Orientiertes Theater

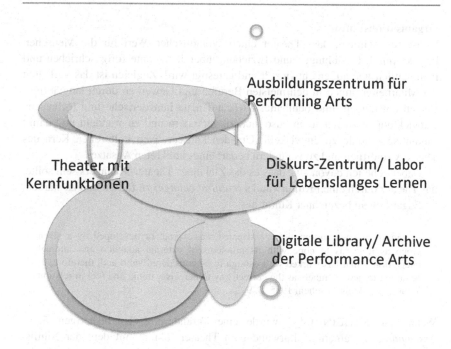

Ausbildungszentrum für
Performing Arts

Theater mit
Kernfunktionen

Diskurs-Zentrum/ Labor
für Lebenslanges Lernen

Digitale Library/ Archive
der Performance Arts

Abb. 4.3   **Typ 3** – Diskurs und Lern-Orientiertes Theater der Zukunft

Aus Fließsystemen, wie ich sie als Übergangslösung vorschlage, können sich dann von Standort zu Standort – je nach Bedarf und nach Interessenlage der Stake-Holder – differenzierte, netzwerksartige Produktions- und Organisationssysteme entwickeln. Die Einbettung in die Umwelt und die künstlerische Symbiose mit anderen Produzent*innen werden die Zukunft des Theaters ebenso nachhaltig bestimmen, wie die Vernetzung der verschiedenen Theater mit weiteren Theatern neuen Typs an anderen Standorten, die über andere inhaltliche und strukturelle Erweiterungen verfügen, so dass ein großes, überregionales Theater- und Performing Arts-Netzwerk entstehen kann, in dem Künstlerische Innovationen und Wissen, Talente und Ressourcen unter ethischen und nachhaltigen Bedingungen ohne Barrieren fließen. Es entsteht ein Künstlerisches Produzent*innen-Netzwerk mit Markt-ähnlichen Tausch- und Anlage-Funktionen, jedoch ohne ein Markt zu sein, so dass Künstlerische Produktionen und Potentiale sehr leicht die besten Anlagemöglichkeiten finden und sich darin selbst realisieren können, Open-Source-Möglichkeiten aber weitgehend gewahrt bleiben.

Organisationskultur
Es ist anzunehmen, dass Theater einen symbolischen Wert für die Menschen hat, der durch Erzählungen und Erziehung über Jahrzehnte fortgeschrieben und mehrheitlich von außen entwickelt und gefestigt wird. Zugleich ist das Verhalten der Mitarbeiter*innen in den meisten Berufen und Gewerken durch langjähriges Lernen entstanden, und beinhaltet auch, auf neue künstlerische und technische Entwicklungen zu reagieren, also sich zu verändern und zu wandeln und damit Zukunftspotentiale zu entwickeln. Um den konservativen kulturellen Kern des Theaters zu öffnen und zu verändern bedarf eines konkreten Ansatzes.

Dabei gehe ich davon aus, dass es das Ziel eines Theater-Managers sein sollte, das Theater durch einen Kulturwandel *(cultural change)* zu führen und zu stärken.

Edgar Schein bezeichnet Kultur als

> „a pattern of basic assumptions – invented, discovered, or developed by a given group as it learns to cope with its problems of external adaption and internal integration – that has worked well enough to be considered valid and, therefore, to be taught to new members as the correct way to perceive, think, and feel in relation to those problems." (Schein 1985, S. 9)

Wenn man SCHEIN folgt, würde eine Veränderung der bisherigen *Basic Assumptions* zu einem Kulturwandel im Theater führen, mit dem der Nihilismus des „das haben wir schon immer so gemacht" in eine Bejahung der anstehenden Reformen gewandelt wird. Organisations-Kultur könnte aktiv als Begleit-Maßnahme genutzt werden, um damit auf die Organisations-Entwicklung Einfluss zu nehmen. Im Mittelpunkt meiner Überlegungen steht dabei die Umgestaltung des Theaters in eine **Lernende Organisation,** in der Lernen gefördert und belohnt, und vor allem dafür eingesetzt wird, strukturelles, konzeptionelles und praktisches Wissen (= Kapital) für einen Umbau des Theaters zu sammeln und allen Mitarbeiter*innen dauerhaft zur Verfügung zu stellen (s. a. Abschn. 5.3).

Vision und Leitbild
Die Unternehmensphilosophie des Theaters ist gesetzt, Fragen der Unternehmenskultur und der Identität sind auf Reformen und kulturellen Wandel ausgerichtet: Auf dieser Grundlage wird die VISION entwickelt. Sie enthält auch das LEITBILD des Theaters. Dessen Hauptaufgabe besteht darin, die **Künstlerische Vision** mit den Unternehmenszielen zu verknüpfen, und dabei die von den Bürokratien der Gesellschafter verordneten Planungen geschickt zu integrieren und weiterzuentwickeln, die bislang oft nur in einem „Überrollen" der alten Ziele und

Wirtschafts- und Finanzierungspläne bestanden hatte. Ein integrales Planungs-
management ist auf dieser Ebene noch nicht zu verzeichnen, es wird also notwendig sein, die künstlerische Vision und die wirtschaftlichen Unternehmensziele
miteinander zu verknüpfen. Eine **Kombinierte Künstlerische Unternehmens-
Vision** beinhaltet die dauerhafte Symbiose zwischen den künstlerischen
Ansprüchen und den Erfordernissen des Managements. Es sind die **Stake-
Holder,** allen voran Mitarbeiter*innen, engagierten Besucher*innen-Gruppen,
Freundeskreise und Teilnehmer*innen der Community, sowie die Gesellschafter,
die die Vision im Zuge einer *Tripartite-Konferenz* gemeinsam formulieren.

4.2   Strategisches Theater-Management

Strategisches Management, die eigentliche Hauptaufgabe der Leitungsebene,
wird in den meisten Theatern vernachlässigt, weil sich die Leitungen in ihrer
derzeitigen Form (Intendanz) und aufgrund der nur fünf Jahre andauernden
Periode für den kurz- und mittelfristigen künstlerischen Erfolg und kaum für die
Weiterentwicklung der Organisation interessieren. Dies kann bereits bei Fehl-
entscheidungen des Managements zu erheblichen Krisen führen, wie die Entwicklungen an vielen Theatern, wie u. a. Erfurt (2002/2003), Wuppertal (2010 ff.),
Wien (2012/14), Rostock (2015/2016), Halle (2015/2019), Trier (2016), Darmstadt
(2015/2019), Bern (2017/2018), Schwerin (2018/19), Karlsruhe (2020) zeigen.

Die Gesellschafter und die Aufsichts-Gremien zeigen derzeit noch wenig
Interesse an einem ganzheitlichen Strategischen Management und konzentrieren
sich stärker auf wirtschaftliche Ergebnisse und auf die Ausbalancierung der
Finanzen. Die politisch zusammengesetzten Gremien verstärken die **Mittel-
fristigkeit** der Intendanten-Entscheidungen, anstatt sie auf einer strategischen
Ebene zukunftsorientiert zu reflektieren und korrigierend einzuwirken. Ein Beleg
hierfür sind die Theaterstatistiken des Deutschen Bühnenvereins, deren Zahlen-
material ausschließlich auf kurz- und mittelfristige Ergebnisse abzielt und länger-
fristige Indikatoren (Vergleiche in Dekaden, etc.) ausgrenzt. Es werden seit
1985 weder langfristige Zahlenvergleiche herausgegeben, noch bemüht sich der
Deutsche Bühnenverein um eine Darstellung des Begriffes **Nachhaltigkeit** (DBV
1990–2020).

Im Sinne eines ganzheitlichen Strategischen Managements möchte ich die
Bereiche Entwicklungspfad, Strategie, Organisations-Kultur und -Psychologie,
als die vier Bereiche vorstellen, mittels derer sich ein neues Theater-Management-
Paradigma ergänzend zu den Klassischen Management-Instrumenten formulieren
lässt.

Der **Entwicklungspfad** bildet die generelle Ausrichtung des Theaters und seiner langfristigen künstlerischen Projektion ab und kanalisiert die wiederholten, kurzfristigen künstlerischen Kurswechsel (Intendanten-Wechsel) im Zuge einer übergeordneten Strategie für das Theater. Die **Strategie** beinhaltet zudem das Bündel an Instrumenten zu deren nachhaltiger Implementierung, mit denen das kurzfristige und reaktive Managementhandeln an den Theatern ergänzt und abgelöst werden soll. Hierzu gehören

- eine Strategische Kommunikation, die lückenlos und transparent alle Stakeholder einbindet,
- ein Strategisches Ressource Management, das HR-Management und –Entwicklung umfasst,
- ein Strategisches Finanzmanagement, mit dem der Einsatz von Finanzmitteln von der erwarteten Gesamtwirkung der jeweiligen künstlerischen Produktion und nicht vom alleinigen künstlerischen Willen eines Einzelnen (Intendanten) abhängig gemacht wird, und schließlich auch
- ein Strategisches Controlling, das als Instrument der Vorausschau Fehler-Quellen in Abläufen und Struktur analysiert und eindämmt, sowie ein sich daraus entwickelndes Qualitäts-Management-System mit dem künstlerische Prozesse, manageriale Entscheidungen und organisationale Strukturen gleichermaßen kontinuierlich evaluiert, geprüft und verbessert werden.

Die **Organisations-Psychologie** schafft einen Projektionsraum, in dem die Wechselwirkungen zwischen den Mitarbeiter*innen und dem Theater beschrieben und berücksichtigt werden: ihr Erleben, ihre Reflexion, ihre Einstellung zum Theater, einschließlich der Arbeitszufriedenheit und der Zufriedenheit mit der organisatorischen Konstellation, insbesondere mit unmittelbaren Vorgesetzten und Team-Kolleg*innen. Zugleich werden Angebote zur Heilung von zwischenmenschlichen und persönlichen Konflikten und Krisen geschaffen, damit Ungerechtigkeit, Ausbeutung, patriarchale und hegemoniale Gesten und Handlungen zukünftig ausgeschlossen werden können und die Arbeitsbeziehungen nicht mehr vergiften. Die kulturellen Wertmuster der **Organisationskultur** schaffen dabei die Orientierungspunkte, wie weit sich ein Theater verändern muss und kann, welche Voraussetzungen hierfür geschaffen werden müssen und welche strukturellen Auswirkungen dies zeitigt. Damit wird ein Instrumentarium für eine **Leadership** des Theaters geschaffen, mit dem das bestehende Management-Instrumentarium nachhaltig erweitert wird.

Für ein neues Management-Modell
Damit sind die normative und die strategische Ebene skizziert. Nun möchte ich
mich auf Bereiche konzentrieren, mit denen das operative Geschäft eines Theaters
organisiert, gesteuert und die Organisation weiter entwickelt wird, mit denen die
Ressourcen gesichert und die Modernisierung, der Umbau und die Entwicklung
des Betriebes verantwortet werden. Ich beziehe mich auf neuere Erkenntnisse von
RÜEGG-STÜRM und GRAND, darin insbesondere auf Themen der **Reflexivität der Managementprozesse,** der Stabilisierung der Organisation, ihrer Weiterentwicklung und Zukunftssicherung, die als übergreifende Themen im Leitbild
und allen weiteren Managementprozessen abgebildet sein sollten.

> „Managementprozesse umfassen wiederholt zu bearbeitende Aufgabenkomplexe,
> die mit der reflexiven Gestaltung und Weiterentwicklung der organisationalen Wert-
> schöpfung …. einer Organisation zu tun haben. Managementprozesse dienen somit
> der Ausdifferenzierung und Integration **organisationaler Reflexivität.**" (Rüegg-
> Stürm und Grand 2015, S. 140)

Ausgehend von dieser Reflexivität entsteht eine kritisch prüfende Distanz zu
den einzelnen Managementvorgängen und dadurch ausgelösten Prozessen in der
Organisation. Auch die Zukunftssicherung wird als wichtiges Thema definiert,
die nur dann möglich ist, wenn sich eine Organisation „fortlaufend verändert
und weiter entwickelt" (Ibid, S. 145). Wesentliche Voraussetzung hierfür ist die
Implementierung einer Strategischen Unternehmens-Kommunikation, mit der
zugleich auch wesentliche Steuerungsaufgaben verknüpft sind.

Strategische Unternehmens-Kommunikation als Steuerung
Kommunikation ist ein zentraler Teil jeder Reform. Sie muss weit über die
Grenzen der tradierten internen und externen Kommunikation hinaus gedacht
und entwickelt werden. Zur erweiterten Kommunikation gehören z. B. auch
ein gutes Stakeholder-Management (Development), mit dem die wesentlichen
Adressat*innen einer Unternehmens-Kommunikation identifiziert werden,
zu denen vor allem die Communities und die Mitarbeiter*innen gehören.
Die Kommunikation des Theaters erfolgt derzeit im Auftrag des jeweiligen
Intendanten zur Darstellung und Vermarktung seines Programmes und seiner
künstlerischen Erfolge, insbesondere der von ihm verantworteten Produktionen.
Sie dient kaum dazu, die Produktionsweise des Theaters und die Erfolge der Mitarbeiter*innen als Team-Leistung zu erläutern. Das Theater bleibt für viele im
wahrsten Sinne des Wortes eine Black Box und nur sichtbar als Spitze eines ver-
deckten Eisbergs (Schmidt 2012).

Derzeit ist die Unternehmens-Kommunikation vor allem ein machtpolitisches Instrument. Jeder neue Intendant baut die Corporate Identity seines Vorgängers radikal um, um eine neue Marke zu entwickeln; damit kann das Theater in der Außenwahrnehmung auf lange Sicht keine Kontinuität in der Markenbildung entwickeln.

Dieses Modell sollte durch eine Unternehmens-Kommunikation abgelöst werden, bei der die Besonderheiten des Theaters als NPO und Kunst-Produzent beachtet und herausgestellt werden, um neue Zielgruppen außerhalb der Kultur-Interessierten zu erschließen. BRUHN verschmilzt das Thema der Unternehmens-Kommunikation mit dem Thema der Strategischen Planung zu einer Integrierten, also in allen ihren Elementen abgestimmten Kommunikation. In seinen Ausführungen bezieht er sich auf die **Markenkommunikation.** Bruhn spricht davon, alle internen und externen Kommunikationsinstrumente miteinander zu vernetzen, um als wesentliche Zielstellung, einen **einheitlichen Unternehmensauftritt** zu ermöglichen (Bruhn 2014). Dieser Aspekt ist für mehrspartige Theater interessant, in denen die Spartendirektoren/-Intendanten aus einem gemeinsamen Konzept auszubrechen und – meist erfolgreich – eine Darstellung ihrer Sparte als eigene Marke durchzusetzen versuchen, was der einheitlichen Darstellung eines Theaters abträglich ist. Beispiele hierfür sind die Auftritte der Sparten in Hannover, Stuttgart, Mannheim, u. a., die sich als eigene Theater verstanden wissen wollen und diese **Desintegration** als Prinzip verfolgen.

Ein integrierter Ansatz ist aus einem weiteren Grunde für die Zukunft von Bedeutung. Die externe und die interne Kommunikation werden von den meisten Theatern mit sehr unterschiedlichen Ambitionen betrieben. Oft wird die interne Kommunikation vernachlässigt, was zu einer Entkopplung des eigenen Personals führen kann.

Das Konzept des Modernen Theatermanagements beinhaltet eine integrierte Unternehmensführung mit einer *machtfreien* PR als zentralem Bestandteil. Dies kann personell (Direktor Kommunikation als Mitglied des Direktoriums) und konzeptionell erfolgen, durch eine starke Orientierung des Theaters auf seine wesentlichen Stake-Holder (Stake-Holder-Management), vor allem aber durch eine Kommunikation der Theaterleitung auf Augenhöhe mit allen internen und externen Partnern. Diese Form bezieht sich auch auf die Politische Kommunikation, die sich auf die Etablierung des Theaters im kulturpolitischen Feld richtet, um die Legitimität zu stärken und die Förderung abzusichern.

Ein Modernes Management im Theater (MMT) wird geprägt durch die Endlichkeit der Ressourcen und den Bedarf einer nachhaltigen und ethischen Reflexion aller Prozesse und Beziehungen, die das Theater eingeht, um seinen Aufgaben nachzukommen. Es beruht auf einer neuen Organisations-Kultur, in

deren Mittelpunkt nicht mehr die Interessen von Intendanten, sondern von Mitarbeiter*innen und Stake-Holdern stehen. Dabei wird sich das Theater zukünftig
auf seinen Reformbedarf und seine Innovationsfähigkeit besinnen und sich als
Lernende Organisation in einer über die Grenzen des Theaters hinausgehenden
Umwelt verstehen. Gestärkt wird es durch ein Strategisches Management, mit
dem neue Instrumente eingeführt oder etabliert werden: Der Entwicklungspfad, die Strategie, die Organisations-Psychologie und die Kultur. Damit können
Theater auf ihren sehr unterschiedlichen inhaltlichen und strukturellen Wegen
in die Zukunft unterstützt werden, zum Beispiel bei der Transformation zu
Kreativen Multi-Funktions-Organisationen. Die Einbettung in die Umwelt und
die künstlerische Symbiose mit anderen Produzent*innen werden die Zukunft
des Theaters ebenso nachhaltig bestimmen, wie die Vernetzung mit weiteren
Theatern, die über andere, kompatible Erweiterungen verfügen, so dass ein
großes, überregionales Theater- und Performing Arts-Netzwerk entstehen
kann, in dem Künstlerische Innovationen und Wissen, Talente und Ressourcen
unter ethischen und nachhaltigen Bedingungen ohne Barrieren fließen. Es entsteht ein Künstlerisches Produzent*innen-Netzwerk mit Markt-ähnlichen
Funktionen, jedoch ohne ein Markt zu sein, so dass Künstlerische Produktionen
und Potentiale sehr leicht die besten Anlagemöglichkeiten finden und sich darin
selbst realisieren können, aber grundsätzlich immer unter ethischen und nachhaltigen Gesichtspunkten und im Hinblick auf eine Open-Source-Mentalität aller
Innovationen. So wie künstlerische Innovationen auf Managementinstrumente
wirken, wirkt auch ein innovatives Management auf künstlerische Prozesse. Mit
einem neuen Managementmodell, dass auf der Einbettung aller relevanten Stakeholder beruht und mit dem neue Produzent*innen-Netzwerke geschaffen werden,
werden zugleich auch neue Modelle einer geteilten künstlerischen Autor*innenschaft angeregt und angestoßen, die das Wesen und die Weisen der künstlerischen
Produktionen im Bereich des Theaters und der Performance auf lange Sicht nachhaltig verändern und das Singularitäts- und Genialitäts-Prinzip des Regisseurs
wie des Intendanten sukzessive abschaffen werden. Das Zeitalter allein-ent-
scheidender Künstler, die immer schon Dinosaurier außerhalb des Feldes einer
teamorientierten Kunst waren, wird einem Zeitalter der Theater-Kollektive,
der Produktions-Genossenschaften und der Praxis geteilter Autor*innenschaft
weichen.

Modernes Management im Theater 5

5.1 Stake-Holder-Management

Ein gutes Stake-Holder-Management ist die Voraussetzung für ein Modernes Management im Theater, weil das Theater als personalintensive und damit finanziell besonders fragile Kulturorganisation über Kooperationen und Bündnisses abgesichert werden und Resilienz gewinnen muss. Es ist selbst allerdings nur wirksam, wenn es entgegen den bisherigen Gepflogenheiten einer engen, politischen Ausrichtung erweitert wird, und wenn das Theater weit in die Gesellschaft ausreicht und zukünftig alle Anspruchsgruppen integriert.

Es bezeichnet das Management des institutionellen Beziehungs-Netzes, dass auf einer ausführlichen Stake-Holder-Analyse beruht. (Freeman 1995) In diesem Bereich sind bislang v. a. die Beziehungen mit den Aufsichtsgremien und kulturpolitischen Stake-Holdern (SH) angesiedelt, ohne deren Unterstützung eine zukunftsfähige Ausgestaltung der Strukturen des Theaters nicht möglich war. Um das Verhältnis zum Aufsichtsgremium zukünftig transparenter und stärker auf Augenhöhe zu gestalten, und Entscheidungen im Sinne der Belegschaft positiv zu beeinflussen, sollte es dem Personal gestattet werden, Mitarbeiter*innen in diese Gremien zu entsenden. Alternativ ist das auch für die dann mehrköpfige Theaterleitung möglich, in der ein bis zwei feste Vertreter*innen des Personals eine transparente Kommunikation und eine Partizipation an den wesentlichen Entscheidungen am besten und nachhaltigsten sicherstellen können. Das würde zudem zu einer wesentlichen Entlastung und Ent-Bürokratisierung des Arbeitnehmer*innen-Arbeitgeber-Verhältnisses und einer Arbeit auf Augenhöhe beitragen.

Hier ist vor allem das Konzept des *informierten Künstlers* relevant (Schmidt 2017). Dabei geht es *„um die Übergabe der Macht und damit auch um die Herausbildung des informierten Künstlers als Gestalter von Reformen, die zu*

© Springer Fachmedien Wiesbaden GmbH, ein Teil von Springer Nature 2020
T. Schmidt, *Modernes Management im Theater,* essentials,
https://doi.org/10.1007/978-3-658-32025-6_5

planen und umzusetzen die meisten Intendanten versäumt haben." (Schmidt 2017, S. 3). Zu realisieren ist diese Informiertheit vor allem durch die Erteilung kompletter Informationsrechte und eine umfassende Mitbestimmung der Künstler*innen in allen relevanten Entscheidungen (Wirtschaftsplan, Auswahl und Bestellung neuer Intendanten, Struktur und Reformen des Theaters), also durch eine **echte Partizipation**. Diese Partizipation ist eng gekoppelt an die Neugestaltung der internen Kommunikation (Abschn. 4.2 und 5.2), die nun konzeptionell und strukturell neu aufgestellt wird, mittels der Zugänge für alle Künstler*innen zu allen Informationen des Theaters und seiner Leitung. Ein zentraler **Wissens-Speicher** (Abschn. 5.3) bevorratet diese Informationen, hier werden auch die Zugriffsrechte erteilt. Damit werden sich die **Demokratisierungsprozesse** – über die Demokratisierung des Wissens und aller Informationen als erstem Schritt – in den Theatern erfolgreich fortsetzen.

Da Theater als öffentliche Betriebe geführt werden, sind die von Bund, Kommunen oder Ländern gestalteten Rahmenbedingungen (RB) für die Arbeit von großer Bedeutung: Indirekt erfolgt der Einfluss über die Steuer- und Abgabenpolitik, die Gestaltung der rechtlichen Rahmenbedingungen, die Ansiedlungs-, Kultur- und Tourismuspolitik, die Besteuerung ausländischer Gäste, u. a. m. Direkt über: Die Struktur der Theaterlandschaft, die Struktur und Organisation des Theaters, die Höhe der Subventionen, die Tarifabschlüsse, den Modus der Intendanten-Wahlen. Dieser direkte, strukturelle Modus der Politischen Einflussnahme sollte in Zukunft ebenfalls demokratisiert werden, weil er einen echten strukturellen Wandel und eine Zukunftsfähigkeit der Theater verhindert. Die hierzu zwischen dem ensemble-netzwerk und anderen unabhängigen Verbänden mit den Vertreter*innen des Deutschen Bühnenvereins geführten, zuweilen schleppenden Gespräche waren zwischen 2015 bis 2019 nur streckenweise erfolgreich und zielführend, sie haben zudem einen Rückschlag und eine größere Pause während der Covid 19-Pandemie erfahren, während der sich der Verband und die Theaterleiter gegenüber Mitarbeiter*innen (Kurzarbeit) und Gästen (Nichtbezahlung bereits verhandelter Gagen) extrem verhärtet gezeigt haben. Obwohl die Ausfälle bei den Karten-Einnahmen im Schnitt nur zwischen 10–20 % des Gesamtbudgets ausmachen, wurde dieser Ausfall zum Anlass für unangemessen gravierende ökonomische Maßnahmen genommen, die in erster Linie das Personal getroffen haben.

Im modernen Management eines Theaters wird die **Politische Kommunikation** (Lobbyarbeit) – als Teilbereich des SH-Managements – eine besondere Rolle spielen, um gezielt auf die RB Einfluss zu nehmen. Um Ressourcen zu bündeln und zu konzentrieren, wird vorab analysiert, welche RB zugänglich und auf welchem Wege diese beeinflussbar sind. Bislang übernehmen Intendant und Geschäftsführung diese Aufgaben selbst, insofern sie als wesentlich und nötig eingestuft werden, was oft auch vom finanziellen Ausstattungsgrad des jeweiligen

Theaters oder vom lokalen Standort abhängig ist. Professionell ist es, für diese Form der Kommunikation eine eigene Position einzurichten, die im Leitungsstab oder in der PR angesiedelt wird, auch um das hier generierte Wissen zu bündeln, zu archivieren und für die Zukunft zugänglich zu machen. Diese Mitarbeiter*innen sollten einem für Stake-Holder-Management zuständigen Leitungsmitglied direkt zuarbeiten und ihren Wirkungskreis auf alle Stake-Holder erweitern.

5.2   Leadership, Leitung und Steuerung

Im Zuge der **Leitung und Steuerung** werden die auf der Strategieebene entwickelte Pläne und Konzepte in den operativen Teilbereichen umgesetzt: Leitung des Personals, Organisation des Betriebs, Steuerung der Produktionen und der begleitenden Vertrags-, Finanzierungs-, Kommunikations- und Marketingprozesse. Hierzu gehört an erster Stelle, wie eine Theaterleitung miteinander und mit ihren Mitarbeiter*innen zusammenarbeitet und kommuniziert, und zu Entscheidungen kommt, die sich auf bestimmte Wirkungsbereiche beziehen. Einen besonderen Stellenwert haben hier die Strukturen, die förderlich oder hinderlich sein können. **Leadership** heißt, eine gute Kommunikation und Entscheidungsfähigkeit zu entwickeln und zu implementieren.

Spricht man mit dem Personal der Theater, findet eine Kommunikation der Leitung mit den Mitarbeiter*innen nur sehr eingeschränkt statt, spricht man mit Intendanten, dann wird von einer umfassenden oder ausreichenden Kommunikation gesprochen. Der Widerspruch entsteht über den Verlust der Augenhöhe zwischen Leitung und Personal und eine verschobene Wahrnehmung der Leiter, die meist nicht gelernt haben, wie gute, barrierefreie Kommunikation mit Mitarbeiter*innen konzeptionell anzulegen ist. Hierzu gehören verschiedene Instrumente, wie zum Beispiel:

- regelmäßige Vollversammlungen in Abständen von 2–3 Monaten, mit einem echten Informationsaustausch, nicht mit einem *One-Way-Track* von oben nach unten,
- regelmäßige wöchentliche Sitzungen auf Ebene der Abteilungen,
- regelmäßige formalisierte Einzelgespräche zwischen Teamleitung und Mitarbeiter*innen, die der Personal-Entwicklung und der Analyse der Arbeitszufriedenheit dienen sollen, und die protokolliert werden,
- Feed-back-Möglichkeiten für alle Mitarbeiter*innen und regelmäßige thematische Evaluationen zu Themen wie Arbeitsbedingungen, Gerechtigkeit, Personal-Entwicklung, u. a., mit interner Publikation der Ergebnisse,

- Einrichtung eines Intranets und eines Informations-Archivs, das für alle Mitarbeiter*innen ohne Barrieren zugänglich ist,
- Informationsvorsprung der Mitarbeiter*innen vor Medien und Kulturpolitik über alle wichtigen Ereignisse, Prozesse und Publikationen des Theaters (Spielzeitheft, Bilanzsitzung, u. a.),
- Transparenz und Augenhöhe.

Das Wesen einer modernen internen Kommunikation besteht darin, kein Informationsgefälle zuzulassen, damit Informationen nicht als Machtinstrumente eingesetzt werden können. Erst wenn sich Informationspolitik liberalisiert und Informationen frei zugänglich sind, kann interne Kommunikation zu einem modernen Management im Theater aktiv beitragen, in dem es Veränderungen und Entscheidungen durch ausreichende und zugängliche Informationen begleitet.

An dieser Stelle setzt **Leadership** ein, die sich von einem **Management** auf den mittleren Entscheidungsebenen konzeptionell unterscheidet. Leadership basiert auf der Ausbildung starker kommunikativer, sozialer und emphatischer Kompetenzen, mittels derer Glaubwürdigkeit, Integrität und Motivation entwickelt, ausgestrahlt und eingesetzt werden. Geführt wird das Theater nicht mehr über Anordnungen, sondern via Motivation, Anregung, Lob, Würdigung und Kritik. Klug eingesetzt, kann so nicht nur eine deutlich höhere Wirksamkeit und Qualität der Arbeitsprozesse, sondern auch eine höhere Arbeitszufriedenheit und bessere Work-Life-Balance erzielt werden, die wiederum auszubauen originäre Ziele eines modernen HR-Managements sind. Zudem setzt so auch die Motivation zum Lernen, zu Aus- und Fortbildungen ein, die in einer Struktur einer **Lernenden Organisation** aufgehen soll. Wird die Leadership der ersten Leitungsebene durch ein überzeugendes Management auf den mittleren Leitungsebenen gestärkt, dann kann sich die Wirksamkeit des Zusammenspiels von Motivation und Kritik durchsetzen. Gleichermaßen werden gute Team-Manager*innen sehr früh an Leadership-Aufgaben herangeführt und stärken damit die gesamte Struktur einer **Teamorientierten Entscheidungsfindung**.

Entscheidungen
Entscheiden heißt: Für die Lösung einer bestimmten Aufgabe oder für die Initiierung einer bestimmten Entwicklung auf der Basis von Informationen eine Auswahl aus mehreren Handlungsalternativen zu treffen. Dabei müssen nicht nur Alternativen abgewogen, sondern auch deren Auswirkungen prognostiziert, analysiert und evaluiert werden. Da ein Manager auf der ersten oder zweiten

Leitungsebene im Theater zwischen 100 und 300 Aufgaben unterschiedlicher Wichtig- und Dringlichkeit täglich lösen und entscheiden muss, geht es auch um das ständige **Bewerten von Risiken** im Verhältnis zur verfügbaren Zeit und vor dem Hintergrund der angestrebten Wirkungen und Qualität. Die **Entscheidungstheorie** leistet Hilfe (Buchanan 1985): Sie untersucht die Variablen die auf eine Entscheidung Einfluss nehmen können und entwickelt mögliche Szenarien. Vereinfacht ausgedrückt entspricht dies dem Algorithmus, mit dem Programm, Prozesse und die Verteilung der Ressourcen entschieden werden.

In diesem Zusammenhang stößt man auch auf die **Erwartungstheorie,** die in die *Behavioral Economics* eingeflossen ist: Menschen sind grundsätzlich risikoavers und bevorzugen Entscheidungen, von denen sie eine Risikovermeidung erwarten. Moderne *Framing Theorien* beschreiben, wie stark Menschen beim Fällen von Entscheidungen von spezifischen Bedingungen abhängig sind und was bei einer sich ständig verändernden Umwelt ausschlaggebend ist (Rothman 1993).

Für das Management bedeutet dies, Systeme und Kontrollmechanismen zu entwickeln, also **Kataloge** die aufzeigen, wie spezifische, sich wiederholende Entscheidungen unter bestimmten Bedingungen getroffen, während Risiken angesprochen und beziffert werden. Das erlaubt der Manager*in, zügig auf eine Entscheidungs-Vorlage zuzugreifen, die sie mit eigenen Abwägungen abgleicht. Auf dieser Basis trifft sie eine Entscheidung mit einer größeren Sicherheit und zügiger, als ohne Katalog. In den innovativen Fällen, in denen noch keine Erfahrungen, also kein Katalog vorliegt, werden bei wichtigen Entscheidungen Prognostik und Risiko-Management einbezogen.

Beispiel
Die Zuschauerzahlen eines Stückes führen nach der 6. Vorstellung zu einer Auslastung von nur noch 50 % und reduzieren sich von da an von Vorstellung zu Vorstellung um weitere 5 %. Das Stück sollte **laut Plan** nach weiteren acht Vorstellungen abgespielt werden. Es ist bei einer rein arithmetischen Kalkulation absehbar, dass die Vorstellungen nach einer gewissen Zeit vor nahezu zuschauerleerem Saal gezeigt werden. Dabei gibt es verschiedene **Argumentations-Stränge,** in denen jede Abteilung des Theaters ein anderes, tragendes Argument für oder gegen ein vorzeitiges Abspielen vorträgt, die in einer Matrix zusammengeführt werden. Die Leitung muss nun eine Entscheidung nach Abwägung aller Argumente unter Einbeziehung der erwartbaren Risiken treffen (siehe beispielhafte, sehr vereinfachte Übersicht 5.1).

ÜBERSICHT 5.1 Modell-Argumentation (2020)

Topos	Argu-mente	Risiken	Summe	
Wirtschaftlichkeit	+ 30	0	+ 30	Aus wirtschaftlicher Sicht macht ein vorzeitiges Abspielen Sinn und wird mit 30 Punkten bewertet. Das Abwägen von konstant hohen Kosten versus sinkenden Einnahmen spricht dafür, obwohl in einem zweiten Szenario die Möglichkeit besteht, dass sich die Zuschauerzahlen auf einem niedrigen Niveau einpegeln könnten.
Wirkung	- 20	- 20	- 40	Aus Sicht der gesellschaftlichen Wirkung wird mit einem vorzeitigen Abspielen eine Chance vergeben, präsent zu bleiben und die eigene Legitimität zu stärken. Allerdings bleibt die Punktzahl von – 20 relativ niedrig, da leere Säle ebenfalls nicht zur Stärkung der Legitimität Beitragen.
Planung/Disposition	+ 50	+ 20	+ 70	Das KBB freut sich über eine frühere Absage, da so Freiraum für andere Proben entsteht, die Akteur*innen nun für Abend-Proben zur Verfügung stehen und Geld für Gäste gespart wird, insofern diese dann nicht bezahlt werden.
Marketing	- 30	- 20	- 50	Das Marketing spricht sich gegen ein vorzeitiges Abspielen aus, weil dies das Besucherverhalten immer wieder negativ beeinflusst, zumal viele Besucher*innen im Freiverkauf die letzten Vorstellungen ansteuern. Zudem wird die Präsenz vermindert.
Künstlerisch	- 30	- 20	- 50	Auch künstlerisch ist ein frühzeitiges Abspielen nicht zu begrüßen. Die Regisseurin arbeitet mit allen Akteur*innen vor jeder Vorstellung an Rollen und Zusammenspiel und favorisiert die sich abzeichnenden Entwicklungsprozesse der Inszenierung
Work-Life-Balance	+ 50	+ 50	+ 100	Das stärkste Argument ist die Work-Life- Balance, die mit partieller Entlastung der Spieler*innen vor allem dann gewinnt, wenn sie nicht sofort in Abend-Proben müssen und sie freie Zeit gewinnen. Es bleiben mindestens die dann spiel-freien Sonntage.
	+ 50	+ 10	+ 60	

Bei der Gesamtbetrachtung wird deutlich, dass sich die Argumentation für ein **vorzeitiges Abspielen** verdichtet, und auch die Risiken hierfür im positiven Bereich liegen – allerdings müssen starke künstlerische Argumente immer ausreichend gehört und berücksichtigt werden. Ausschlaggebend sind in dieser Betrachtung vor allem drei Faktoren:

- die Wirtschaftlichkeit, weil im Zuge von weniger Vorstellungen auch Personaleinsätze, Material und Logistik in erheblichem Maße eingespart werden,
- Planungsaspekte, weil damit **mehr knappe Bühnenzeit** zur Verfügung steht, für Endproben und Wiederaufnahmen anderer Produktionen, und Schauspieler*innen, die abends spielen, nun für Proben zur Verfügung stehen, sowie
- Aspekte einer **Work-Life-Balance** bei den Beteiligten, die nun – insofern sie nicht mehr anderweitig proben und spielen müssen – über mehr bezahlte Freizeit verfügen.

5.3 Exzellenz, Qualitätsmanagement und Lernende Organisation

Exzellenz und Qualitätsmanagement
Exzellenz bezieht sich auf beste und außergewöhnliche Leistungen, Ergebnisse und Erkenntnisse im Kontext des Kunst- und Produktionsfeldes. Es beinhaltet im Theater eine besondere künstlerische Einzel- oder Gesamt-Leistung, wobei sich letztere auf eine Intendanz-Periode, eine Spielzeit oder das Werk einer Künstler*in (Regie, Bühne, Kostüme, Ton, Musik, Licht, etc.) beziehen kann. Im Kontext des Gesamtbetriebes Theater bezieht sich Exzellenz allerdings auf Bereiche der **Wirksamkeit,** woraus sich Fragen ergeben:

- Erreichen wir mit den künstlerischen Produktionen die Wirkungen, die wir erzielen wollen, und falls nicht, welche Korrekturen sollten wir vornehmen?
- Zeitigen wir mit dem Gesamtmanagement des Theaters die Wirkungen, die in der Strategie niedergelegt worden sind?
- Gibt es Widersprüche zwischen der Einzel- und der Gesamtleistung des Theaters?

Auf der Basis dieser Fragestellungen sollte ein ganzheitliches **Qualitäts-Management** im Theater verankert werden, das sich dezentral durch den gesamten Betrieb zieht und in allen Teams und Abteilungen reflektiert wird. Wichtig ist dabei, dass die Mitarbeiter*innen des QM eine große Entscheidungs-freiheit und Unabhängigkeit erhalten und volle Einsicht in alle wichtigen Unter-lagen und Entscheidungen nehmen dürfen. Ein ganzheitliches QM bezieht sich auf vier Bereiche mit jeweiligen Schwerpunkten (ÜBERSICHT 5.2), wobei in jedem Bereich als Zielmarke von einem anzustrebenden Exzellenz-Zustand aus-gegangen werden sollte, um eine ganzheitlich wirksame Exzellenz zu erreichen. Hieraus ergibt sich die Frage: Was ist eine exzellente Organisation, was ist exzellente Leadership und was ist exzellentes Personalmanagement? Zukunfts-fähigkeit und Nachhaltigkeit (Sustainability), wiederum, sind per se Ziele einer exzellenten Organisation:

ÜBERSICHT 5.2 Die vier Bereiche des Qualitätsmanagements im Theater (Schmidt 2020)

ORGANISATIONS- Struktur u. Prozesse	LEADERSHIP Leitung, Führung	PERSONAL- Management (HRM)	ZUKUNFTSFÄHIGKEIT (SUSTAINABILITY)
Leitungs-, Entscheidungs- und Kommunikationsstruktur	Unternehmens-Philosophie/ Mission	Stellenbeschreibungen, mittel- und langfristige Personalplanung	Innovations- und Ideen-Management, Arbeitsgruppen
Dokumentation von Entscheidungen und deren Umsetzung	Leitbilder der Sparten und Abteilungen	Personalentwicklung, Aus- und Weiterbildungen	Fehler- und Risiko-Management
Prozess-Beschreibung, Verantwortlichkeiten	Führungs-Leitlinien, Verhaltensgrundsätze, *Code of Conduct*	Zielvereinbarungen, Jahres-Gespräche	Monitoring von Verbesserungs- und Veränderungs-Proz.
Messbarkeit von Qualität und Wirkung, Kennzahlen,	*Governance*, Werte-Orientierung	Zufriedenheit der Mitarbeiter*innen, Work-Life-Balance	Zufriedenheit der *Stakeholder*, Besucher, MA, Communities
Evaluationen, Supervision	Management-Bewertung	*Ombudsperson*, Beauftrage für QM	Qualitätssicherung/ Audits

Die lernende Organisation
Der von ARGYRIS entwickelte Begriff bezieht sich auf die Fragestellung, wie das Theater beschaffen sein muss, um ein beständiges Lernen, sich Verbessern, Verändern und Weiterentwickeln zu sichern. Dabei geht es darum, wie die Organisation lernt und wie darin das Lernen der einzelnen Mitarbeiter*innen und Teams enthalten und dieses Lernen so aufeinander abgestimmt ist, dass die Organisation in ihrer Wirksamkeit, in der Qualität ihrer Arbeit und in der

Zufriedenheit der Mitarbeiter*innen davon profitiert. Voraussetzung hierfür ist die Einrichtung einer für alle zugänglichen **Wissens-Plattform,** die aus einem barrierefreien Intranet, einem Archiv, einer Bibliothek, regelmäßigen Informationsveranstaltungen, Versammlungen und Aushängen bestehen kann und eng mit dem Bereich der Internen Kommunikation verlinkt ist. Man kann diese Plattform auch als Kern eines **Zentralen Wissens-Managements** bezeichnen, mit dem Informationen, Diskurse, neue gesellschaftliche, kulturelle, wissenschaftliche und ökologische Entwicklungen verarbeitet und für alle zugänglich gemacht werden, moderiert durch ein oder zwei Mitarbeiter*innen (Knowledge-Broker). Dieses Wissen und dessen Veräußerung im Rahmen von Veranstaltungen, Foren, Workshops, u. a., kann eine neue Säule des Theaterbetriebes werden, die dabei hilft, das Theater noch fester in der Community zu verankern.

Wissen und Lernen im Theater darf zukünftig nicht mehr auf eine kleine, übersichtliche und damit leicht kontrollierbare Elite (Dramaturgie, Referent*innen) beschränkt bleiben, sondern muss sich auf alle Mitarbeiter*innen erstrecken, die sich via Wissenserwerb qualifizieren.

ARGYRIS verwendet zwei Begriffe, das sog. Anpassungslernen *(Single-Loop-Learning)*, mit dem sich jede Organisation an sich verändernde Rahmenbedingungen anpasst, und auf das anzustrebende Veränderungslernen *(Double-Loop-Learning* 1996). Damit werden zum einen die Rahmenbedingungen nicht mehr nur einfach adaptiert, sondern neu analysiert und interpretiert, um auf dieser Basis alle Kenntnisse und Erfahrungen des Theaters immer wieder neu zu hinterfragen. Ein gutes Beispiel hierfür sind die **Leitungsmodelle.** Bislang ist es üblich, dass man einen einzelnen Intendanten als Leiter implementiert, weil die Gesellschafter glauben, dass eine Person leicht steuerbar sei und auch eine Theater-Organisation besser lenken könne. Interpretiert man aber die Interessen des Umfeldes neu, nämlich unter Einbeziehung *aller* Stakeholder, verändern sich die Anforderungen wesentlich.

5.4   Management der Ressourcen

Welches sind die wichtigsten Ressourcen des Theaters? An erster Stelle steht:

- das Personal mit seinen Kompetenzen, Fähigkeiten und Wissen (Human Capital),
- Intellektuelles und Künstlerisches (Kulturelles) Kapital im Sinne von Inszenierungs- und Programmkonzepten, Diskursen, Wissen (s. o.), u. a.,
- Finanzielle Mittel, Zeit, Immobilien und Räume, Logistik und Technologien.

Das **Ressourcen-Management** bezieht sich im Theater auf deren Beschaffung und Einsatz. Der kaufmännisch ordnungsmäßige Einsatz der finanziellen Mittel durch einen Wirtschaftsplan, eine funktionierende Finanzabteilung und ein Controlling, und der Technik und Logistik durch die Technische Abteilung ist ein angestrebter Standard, allerdings ist das Theater ein Geschäft mit nicht genau vorhersehbaren Risiken vor allem im Bereich der Zuschauer-Entwicklungen. Diese Risiken sollten in der Planung im Zuge von Alternativen-Betrachtungen offen dargelegt und finanziell untersetzt werden.

Personal-Management – Das Personal als wichtigste Ressource
Im modernen Management im Theater liegt ein Schwerpunkt im Bereich des **Human Ressource Management** (HRM). Der Mensch ist der zentrale Faktor und die wichtigste Produktivkraft des Theaters, und zwar auf allen Ebenen.

HRM ist ein sehr großer Begriff, der sich in den letzten Jahren immer weiter entwickelt hat. Er beinhaltet den nachhaltigen Einsatz von **Human-Kapital,** das die Mitarbeiter*innen mit ihrer täglichen Arbeit einbringen. Es ist die Summe der verfügbaren, für die Arbeitsprozesse wichtigen Fähigkeiten, Kenntnisse und Fertigkeiten, des Wissens und der Innovationskraft, und für die künstlerischen Bereiche: der Motivation, des Engagements und der Kreativität, sowie der besonderen geistigen und körperlichen Leistungen. Die Personal-Entwicklung ergänzt diesen Bereich. Sie gestaltet die Schnittstellen zwischen individuellen und Entwicklungs-Interessen des Theaters die in eine gute Balance gebracht werden müssen. Aspekte der Qualifikation und Weiterbildung und der Work-Life-Balance sind zu beachten.

Es besteht kein Zweifel daran, dass die Mitarbeiter*innen die wichtigste Ressource des Theaters sind, und auf eine besondere Weise die Bühnenkünstler*innen und Musiker*innen, die eine Inszenierung künstlerisch tragen. Insofern möchte ich einen spezifischen *Human Resources* Ansatz vorstellen, der die Besonderheit der Theater berücksichtigt:

Nachhaltiger Erfolg bedeutet für den Bereich Personal: Werterhaltung und Wertschöpfung auf lange Sicht, hier zum Beispiel bei der Betrachtung des Ensembles als Kern des Theaters. Eine wichtige, in den letzten Jahren gestellte Frage ist deshalb folgende: Wie kann die Bedeutung der Kolleg*innen für die Wertentwicklung des Theaters gestärkt werden? Vor allem durch Partizipation: Damit sind die Möglichkeiten der Teilhabe der Mitarbeiter*innen an wichtigen Entscheidungen des Managements gemeint. Zudem sollten Varianten der **nachhaltigen Personalentwicklung** für das Theater nutzbar gemacht werden. Dazu gehört, die künstlerischen Mitarbeiter*innen nicht bei jedem Intendantenwechsel auszutauschen, um das Know-how zu erhalten und die Kontinuität zu sichern.

Dabei geht es um eine Inwertsetzung und bessere Nutzung von *Human* und *Artistic Capital* im Sinne einer deutlichen Verringerung der Zäsuren, die durch die häufigen Wechsel entstehen. In einem zweiten Schritt soll die aktuelle Überbelastung von Künstler*innen reduziert werden, um die künstlerischen Qualität der Proben und Produktionen zu verbessern. In der zusätzlich verfügbaren Zeit können sich die Künstler*innen weiterbilden, vorbereiten, ihre Kompetenzen und ihr Wissen weiterentwickeln oder sich regenerieren. Die Reduzierung der Arbeitsbelastung um 20 %, was etwa einer Produktion pro Spielzeit entspricht, könnte hier als wesentliches Maß für eine gute *Work-Life-Balance* gelten.

Das Ziel ist es, die durchschnittliche Belastung sowohl des Theaters, wie auch der einzelnen Künstler*in durch Neuproduktionen und Vorstellungen zu senken, in Beziehung zu den Anforderungen für die Erhaltung ihrer Gesundheit und Arbeitskraft. Um die geplanten Unternehmensziele zu erreichen, bedarf es deshalb einer präzisen und gerechten **Ressourcen-Planung** im Personalbereich, für die die bisher relevante Disposition als Verfahren und Instrument nicht mehr ausreicht. Sie muss zukünftig die Arbeitszeiten der Künstler*innen jenseits der Proben und Vorstellungen erfassen: also Maskenzeiten und Anproben, Durchsprechproben und Kritiken, die erst nach Probenende beginnen und in der Endprobenzeit täglich zwei und mehr Stunden andauern, und letztlich auch die Zeiten der Texteinstudierung, der Korrepetition, des Körper- und Sprechtrainings. Arbeit, die anfällt, muss als Arbeit angerechnet und vergütet werden. Mein Vorschlag im Bereich Personal-Management und -Entwicklung geht dahin, dass die Mitarbeiter*innen die Hälfte der in einem Umfang von 20 % eingesparten Arbeitszeit, also ca. 10 %, zukünftig für eigenständige oder angebotene Maßnahmen und Programme nutzen können, mit denen das eigene körperliche und seelische Wohlbefindens gestärkt und entwickelt werden soll. Hierfür wird ihnen bezahlte Arbeitszeit zur Verfügung gestellt. Die weiteren 10 % freier Arbeitszeit sollen für Weiterbildungen genutzt werden, die der eigenen beruflichen Entwicklung und damit auch dem Theater dienen. Hierzu zählen Sprech-, Gesangs- und Bewegungstraining, aber auch die Teilnahme an Weiterbildung in technologischen, managerialen, kommunikativen oder sonstigen Arealen. Die Organisation Theater wird damit von immer besser ausgebildetem, auf das eigene und das Wohlergehen der Kolleg*innen bedachtes Personal Wert schöpfen und Wirkungen generieren, so dass sich daraus ein nachhaltiger Prozess entwickeln kann, der der gegenwärtigen Überausbeutung entgegensteht.

Innerhalb dieses Komplexes soll die **Personal-Entwicklung** zukünftig einen besonderen Stellenwert erhalten. Kern sind Aus- und Weiterbildungen, interne Qualifikations-Aufstiege, Traineeprogramme, Soziales und Kommunikatives Kompetenz-Training. Auch die Entwicklung und Umsetzung von Konzepten für ein *Empowerment* sind Bestandteil der PE. Eine ebenso große Rolle spielen Aspekte der Diversität und der Inklusion. Die Oscar-Preisträgerin 2018, Francis McDormand hat zum Ende ihrer Dankesrede von einem *Star Rider* gesprochen, der es jeder Schauspieler*in in Hollywood zukünftig erlauben sollte, stärker auf Inklusion und Gerechtigkeit zu achten, und zum Beispiel am Set und im Stab auf allen Ebenen geschlechtergerecht (50:50) und divers (mindestens 20 % ethnische Minderheiten, 10 % Menschen mit Behinderung, 20 % LGBT usw.) zu arbeiten. Ein ähnlicher Star-Rider könnte auch für das deutsche Theatersystem entwickelt werden, in dem klare Zielvorgaben für die Stärkung der Diversität in den Theatern verankert und regelmäßig auf deren Einhaltung überprüft werden. Dabei sind die Argumente der Sprache oder des Phänotyps der zu besetzenden Rolle, die vermeintlich gegen eine diverse Besetzung sprechen, längst nicht mehr opportun, denn Intendanten, wie Steemann und von Blomberg in Zürich machen es vor, wie ein Ensemble zu 50 % divers besetzt wird und das Repertoire und die Inszenierungen damit inhaltlich und qualitativ gewinnen.

5.5   Corporate Governance und Diversity

Corporate Governance ist als wichtiges Thema im Theater-Management sehr spät entdeckt worden. In der Entwicklungshilfe wurden seit 1980 ernsthafte Versuche unternommen, Korruption und schlechte Unternehmensführung nachhaltig auszuschließen. In diesem Rahmen gründete sich die NGO Transparency International, die Regelverstöße weltweit publiziert und analysiert. Seit etwa 20 Jahren wird das Thema auch im Bereich des Managements von privaten und öffentlichen Unternehmen und NPO sehr ernst genommen, während es im Theater nur selten institutionalisiert und auch kaum ernsthaft diskutiert worden ist, was in erster Linie mit den weitreichenden und unkontrollierten Machtbefugnissen des Intendanten zu tun hat.

Unternehmens-Ethik und Regeltreue *(Compliance)* sind zwei eng miteinander verflochtene Themenkomplexe die unter dem Oberbegriff der *Corporate Governance* wirken und ihren festen Platz im Theater-Management finden müssen. Die **Ethik** umfasst alle Regularien und unternehmens-kulturellen Konzepte eines Theaters, auch in der Zusammenarbeit der Leitung mit Stake-Holdern, Mitarbeiter*innen, anderen Institutionen und Partnerorganisationen, um falschen Umgang miteinander, falsches Wirtschaften und Unregelmäßigkeiten zu verhindern. Mit dem *tone at the top* lebt die Leitung eines Theaters eine Compliance-Kultur vor, die mehr oder weniger stark durch die Einhaltung von Regeln und Gesetzen definiert wird.

Corporate Governance (CG) bezeichnet die **Grundsätze einer Guten Unternehmensführung.** Sie definiert zugleich den Ordnungsrahmen für die Leitung und Überwachung eines Unternehmens bzw. einer Organisation – also Regeln, Verträge und Gesetze. Sie bezieht sich auch auf die Einbindung der Organisation in ihre Umwelt, womit zum Beispiel andere Kultur-Organisationen, potenzielle Kooperationspartner, Zulieferer, Besucher*innen und die politischen Gremien und Mandatsträger gemeint sind. CG ist im Theater keineswegs ein neues Thema, auch wenn der Begriff als solcher bislang nicht gefallen ist. Sie bezieht sich auf die Leitung und gleichermaßen auf die Aufsichtsorgane und die Gesellschafter, die hier nicht außen vor gelassen werden dürfen.

Während Corporate Governance alle Ebenen des Managements betrifft, wird die spezifischere **Compliance** als Regelwerk des Managements eingesetzt. Compliance betrifft das regeltreue Verhalten im Sinne der zu befolgenden Gesetze und der internen Regeln eines Theaters. Der Begriff „steht für die Einhaltung von gesetzlichen Bestimmungen, regulatorischer Standards und Erfüllung weiterer, wesentlicher und in der Regel vom Unternehmen selbst gesetzter ethischer Standards und Anforderungen." (Krügler 2011, S. 50).

Daraus wird ein **Kodex** entwickelt, in dem die wichtigsten Verhaltensregeln untereinander und in den Arbeitsprozessen spezifiziert werden. Die Gesamtheit aller Konzepte und Maßnahmen wird in einem sogenannten *Compliance-Management-System (CMS)* zusammengefasst, mit dem es den einzelnen Kolleg*innen erleichtert werden soll, Regeln zu befolgen, Regeln zu überprüfen und zu verwerfen und neue Regeln aufzustellen.

Macht im Theater
In den Theatern geht es heute sehr stark um den Umgang mit der vorhandenen strukturellen Macht, die aufgrund der patriarchalen Führungsweise durch die Intendanten und eine sehr ausgeprägte Hierarchie entsteht. In der Studie *Macht und Struktur im Theater* (Schmidt 2019b) wurden drei wesentliche Bereiche untersucht: Die Arbeitsbedingungen der Künstler*innen, die Macht der Intendanten und die psychischen und physischen Übergriffe von zahlreichen Künstler*innen, die mit dem bis heute unkontrollierten Machtmissbrauch durch die Theaterleiter verbunden sind, wie die Situation, u. a., am Staatstheater Karlsruhe (2020) deutlich zeigt.

Die **Arbeitsverhältnisse** am Theater sind durch starke strukturelle Asymmetrie und Ungerechtigkeit geprägt, wie die sehr niedrigen Gagen für die Künstler*innen, die hohe Arbeitsbelastung, streckenweise deutlich über den erlaubten 10 h pro Tag und 48 h pro Woche, und die nicht vorhandenen Möglichkeiten des Freizeitausgleichs deutlich zeigen. Besonders betroffen sind Frauen.

Der zweite Aspekt betrifft die Entscheidungsbefugnisse und die **Macht der Intendanten.** Über 70 % aller Intendanten sind allein verantwortlich für die Theater, ohne dass ihnen ein zweiter Direktor auf Augenhöhe zur Seite gestellt wird. Das setzt einen in allen Fachgebieten des Theaters vielseitig ausgebildeten Intendanten voraus, der neben den künstlerischen auch die managerialen und psychologischen Anforderungen zwingend erfüllen muss. Das ist allerdings zu 80 % nicht der Fall. Die meisten Intendanten treffen die **wesentlichen** Entscheidungen allein, was ihre Vormachtstellung in den Theatern ausbaut und, u. a., die Bedrohung der Künstler*innen durch Nichtverlängerungen als Disziplinierungsmittel erlaubt. Diese Bedrohung zuzüglich der Allmacht der Intendanten führt oft zu einer Stimmung der Angst und Verzweiflung. Diese **Angst als Methode der** Machtausübung wird auch in Inszenierungsprozessen genutzt, in Form psychischer, physischer und sexueller Übergriffe, wie viele Teilnehmer*innen der Studie berichtet haben.

Damit wird das Theater dort, wo diese Zustände herrschen, zu einem toxischen Arbeitsort in dem hochwertige qualitative Prozesse und personelle Entwicklungen nur noch bedingt stattfinden können. Um dem aktiv entgegenzuwirken gibt es nur eine konzeptionelle Lösung: Eine **Reform des Intendantenmodells**, die Teilung seiner Macht, sowie der grundlegende Umbau der hierarchischen Organisation, einschließlich einer starken Partizipation der Stakeholder, insbesondere der Mitarbeiter*innen.

Hier beziehe ich mich auf eine Verknüpfung der theoretischen Elemente in den Arbeiten FOUCAULTS, mit den Untersuchungen einer für den gerechten, ausgeglichenen Theaterbetrieb relevanten und arbeitsfähigen Organisationsstruktur, um herauszufinden, wie die Macht in welchen Situationen und strukturellen Konstellationen wie verteilt ist (Foucault 2005).

Im Theaterbetrieb übt der Intendant Macht über Vertragssysteme aus, die für ihn eine Bandbreite an Optionen bereitstellen, zu belohnen oder zu bestrafen. Hinzu kommt, dass aufgrund der Überproduktion der Kunsthochschulen mindestens drei bis vier Mal mehr Schauspieler*innen, Sänger*innen und Tänzer*innen ausgebildet werden, als die Theater benötigen, wodurch ein erheblicher Druck sowohl auf die Absolvent*innen als auch die bereits im Beruf befindlichen Künstler*innen ausgeübt wird. Der Intendant ist in der Position aus einem Heer an personellen Optionen heraus engagieren zu können, zu meist sehr unvorteilhaften Konditionen für die Künstler*innen.

Die Verhandlungs-Macht der Künstler*in, die nur eine unter sehr vielen ist, wird damit gebrochen. Interessant wird das Verhältnis dann, wenn der Vertrag des Intendanten ausläuft oder in Gefahr ist, nicht verlängert zu werden. Dann drehen sich die Machtverhältnisse unter Umständen um. Dann reicht auch das Spektrum an möglichen Disziplinierungsmaßnahmen nicht mehr aus, um die Stimme bzw. die Meinung eines um Mitbestimmung ringenden Ensembles zum Verstummen zu bringen, dessen Mitgliedern aufgrund des Intendantenwechsels eine Nichtverlängerung ihrer Verträge droht. In Kombination mit der oben genannten Austauschbarkeits-Problematik werden dahin gehend Disziplinierungsmaßnahmen jeweils zyklisch ver- oder entschärft. Ein gutes, modernes Management im Theater wird den Künstlerisch Beschäftigten die Möglichkeit einräumen, Verträge bis über den Antritt eines neuen Leiters hinaus zu verlängern, um beiden Seiten die Möglichkeit zu geben, sich kennenzulernen. Damit wird die KündigungsKultur am Theater umgestaltet. Voraussetzung für jede Form von Veränderung am Theater, egal welchen Bereich sie betrifft, sind strukturelle Reformen, mit denen die Struktur der Organisation und der Leitung, die interne und externe Kommunikation, die Beziehung zu den Stakeholdern und die Arbeitsbedingungen wesentlich verändert werden, damit aus den, den Intendanten bislang untergeordneten Mitarbeiter*innen des Theaters mündige Stakeholder werden, die über die Zukunft des Theaters auf Augenhöhe mitentscheiden und erst so überhaupt eine Voraussetzung für dessen Zukunftsfähigkeit schaffen. Es ist ohnehin die berechtigte Frage zu stellen, wieso eine künstlerische Organisation, in der Hunderte hervorragend ausgebildete Mitarbeiter*innen in ihren Bereichen selbstverantwortlich und mit höchster Qualität arbeiten und wirken, eine so tayloristische Organisation und Disziplin der Arbeitskräfte benötigt, und ob nicht diese archaische Form der Organisation die künstlerischen Prozesse seit langem schon negativ beeinflusst und hemmt. Wie sonst ist zu erklären, dass die mit viel geringeren Ressourcen ausgestatteten Freien Ensembles und Theater viel innovativere und künstlerisch interessantere Projekte und Produktionen entwickeln, als die großen, mächtigen öffentlichen Theater. Warum können deren Mitarbeiter*innen nicht in kollektiv, genossenschaftlich und/oder teamorientiert organisierten Prozessen und Strukturen arbeiten, in denen Partizipation und Augenhöhe als Maß der Dinge gelten und die künstlerisch und fachlich Besten, nicht die politisch am besten Vernetzten in die Leitung entsandt werden. Wieso führt eine Person, die weder über ausreichende Qualifikationen und Kompetenzen, noch über die entsprechende fachliche Reichweite verfügt, eine hochgradig differenzierte Organisation allein, ohne Mitspracherechte der Mitarbeiter*innen und ohne ausreichende Kontrolle? Wer kann das ab absehbare Zeit noch verantworten, zumal die Zukunft des gewichtigsten Teils der Kulturlandschaft auf dem Spiel steht?

Optionen und Reform-Prinzipien: Für eine nachhaltige und zukunftsfähige Theaterlandschaft

6

Ausblick: Die Lösung der Strukturproblematik
Modernes Theatermanagement hat zwei miteinander verbundene Arbeitsflächen:

- die **Sicherung des Theaterbetriebes,** mit einem Ausgleich zwischen wirtschaftlichen und künstlerischen Ansprüchen, ethisch einwandfreien Managementregeln, einer machtfreien internen und externen Kommunikation, einer direktorialen Leitung und einem ensembleorientierten Personalmanagement, und
- die Sicherung der Existenz und der **Zukunft des Theaters** selbst.

Obwohl die Sicherung der eigenen Existenz ein Grundanliegen jeder Organisation innerhalb eines Feldes (Bourdieu 1999, Meyer und Rowan 1977) sein sollte, scheint es derzeit so, als wollte das Theater sich selbst abschaffen. Es schottet sich ab gegen die Reform-Vorschläge zur Lösung der Strukturkrise, der Einrichtung einer kompetenten Strategieentwicklung und eines modernen Personal- und Ressourcen-Managements.

Ein jüngstes Beispiel ist das Badische Staatstheater Karlsruhe, in dem die Mitarbeiter*innen sich im Juli 2020 aktiv gegen die autokratischen Führungsmethoden des Generalintendanten und von Teilen der Leitung wehren. Trotz der Bitte um Ablösung bleiben Land und Stadt dabei, dem Intendanten auch weiterhin den Rücken zu stärken. Auch den Wünschen der Belegschaft nach mehr Partizipation und Gerechtigkeit sowie einer Teamleitung wird nicht nachgekommen. (BNN 2020) Hier wird deutlich, dass in der Politik der solitäre, einzeln ansprechbare Intendant den Wünschen einer großen Belegschaft noch immer vorgezogen wird, weil es um den Erhalt von Einfluss und Macht und eines damit verbundenen strukturellen Modells geht, mit dem die starke Hand der Politik weiterhin adäquat gespiegelt werden kann, anstatt neue, offenere

© Springer Fachmedien Wiesbaden GmbH, ein Teil von Springer Nature 2020
T. Schmidt, *Modernes Management im Theater*, essentials,
https://doi.org/10.1007/978-3-658-32025-6_6

Strukturmodelle zuzulassen, mit einer verbesserten Kommunikation und Transparenz, um das Theater zukunftsfähig zu machen.

Wichtig scheint mir an dieser Stelle, die ersten Reformen bei der Politik selbst anzusetzen:

Es bedarf zukünftig einer **Entkopplung der Theater** aus dem unmittelbaren Lenkungs- und Kontrollbereich der Politik. Zwischen Politik und Theater sollte ein Gremium implementiert werden, das zu gleichen Teilen aus Entsandten der Politik, Expert*innen und Vertreter*innen der Belegschaft besteht, und das Steuerungs- und Supervisions-Aufgaben übernehmen und die Aufsichtsgremien alter Struktur sukzessive ablösen kann.

Der zweite Vorschlag zielt darauf ab, die Theater zukünftig stärker als NPO und weniger als städtische „Versorgungsbetriebe" aufzustellen. Je unabhängiger Theater zukünftig von der Politik arbeiten, desto größer werden auch ihre Resonanz- und Innovations-Spektren: Über eine Veränderung der Strukturen entstehen nicht nur neue Potenziale in der Zusammenarbeit, sondern auch neue Wirkungen in der Community und neue künstlerische Qualitäten, mit denen sich das Theater als Kulturtechnik in die Zukunft entwickeln kann.

Das Ensemble eines Mehrspartentheaters, das sich – beispielhaft für andere Theater – nach einer schweren Führungs-Krise, nun in einer ersten Phase der Reform befindet, hat in seiner Absichtserklärung zum Strukturwandel acht wesentliche **Arbeitsfelder** definiert, die beispielgebend für alle Theater sind, die sich in einer strukturellen Krise und vor einem Transformationsprozess befinden:

1. Aufarbeitung der aktuellen Führungs-Krise (Machtübergriffe, u. a.), einschließlich der Krisen in der Steuerung und Modernisierung und der Organisation des Theaterbetriebes, insbesondere der Leitungsstruktur, und der fehlenden Verankerung des Theaters in der Gesellschaft und bei seinen Stakeholdern;
2. Forderung nach mehr Transparenz in der Kommunikations- und Entscheidungspolitik des Theaters, nach Zugänglichkeit aller Informationen für die Mitarbeiter*innen, insbesondere für die Personalvertretung, und nach Teilhabe an den Entscheidungen der Theaterleitung;
3. Gerechtigkeit und Berufsethik, insbesondere für die bislang ungeschützten künstlerischen Mitarbeiter*innen, die aufgrund des Vertragswerkes des NV-Bühne nur wenig Schutz vor Kündigung bzw. Nicht-Verlängerung genießen; bislang fehlende innerbetriebliche Gerechtigkeit für alle Mitarbeiter*innen und Sparten gleichermaßen, die sich zukünftig in einheitlichen Arbeitsverträgen und vertraglichen Konditionen, Gagen, Arbeits- und Freizeitregelungen, Regelungen zur Personalentwicklung und zur Gesundheitsfürsorge äußern muss;

4. Organisation und Arbeitsabläufe, die einer Reform bedürfen, insbesondere die Leitungsstruktur; die bislang dominierende Ein-Mann-Spitze (Intendanten-Prinzip) sollte durch ein Leitungs-Team oder -Kollektiv ersetzt, die Hierarchie abgeflacht und eine stärkere Zugänglichkeit der Leitung für die Anliegen der Mitarbeiter*innen hergestellt werden; zugleich wird damit auch eine stärkere Nähe der Leitung zu den Arbeitsabläufen garantiert;

5. Kommunikation als Prinzip, die – entsprechend Punkt 2 – im Zuge einer Zugänglichkeit aller Informationen des Theaters für alle Mitarbeiter*innen gewährleistet werden soll; zugleich soll damit auch eine enge Kommunikation zwischen Theater, Mitarbeiter*innen und Stake-Holdern garantiert werden, um deren Mitglieder enger in die Arbeit des Theaters einzubeziehen und sie an den wesentlichen Entscheidungen teilhaben zu lassen;

6. Netzwerks- und Lobbyarbeit, sie bezieht sich ebenfalls auf eine Stärkung der Beziehungen zu den politischen und nicht-politischen Stake-Holdern, wobei die Mitarbeiter*innen selbst einen großen Teil dieser Netzwerksarbeit tragen sollen, damit die wichtigen Netzwerke und Kontakte zur Politik nicht mehr allein von der Leitung vereinnahmt, sondern von der gesamten Mitarbeitschaft gepflegt und getragen werden;

7. Partizipation, heisst Teilhabe und Teilnahme an den wesentlichen Entscheidungen der Theaterleitung hinsichtlich strategischer und operativer Entscheidungen in allen Bereichen; dies betrifft manageriale, administrative und künstlerische Entscheidungen, Kündigungen sowie die Einstellung von neuem Personal auch im künstlerischen Bereich, Spiel- und Programmplanung und andere, für die Teilhabe der Mitarbeiter*innen bislang tabuisierte Bereiche, wobei die Künstlerische Freiheit i.e.S. hiervon unberührt bleibt;

8. Diversität in den Ensembles und allen Abteilungen und Bereichen bis hin zur Leitung; Berücksichtigung von Diversitäts- und Inklusions-Regelungen, die vertraglich zwischen Personalvertretung, Leitung und Verwaltungsrat festgelegt werden sollen; die Schaffung eines physisch und ideell barrierefreien Theaters; die Diskussion von kritischen Diskursen, Themen des Rassismus und der Critical Whiteness, der Genderparität und der Diskriminierung von Frauen und Minderheiten, innerhalb der Mitarbeiterschaft, aber auch mit den Stake-Holdern, insbesondere den Zuschauer*innen im Rahmen spezifischer Veranstaltungsformate, u.a.m.

Um diesen Prozess der Reform und Transformation in Gang zu setzen, haben sich Leitung und Ensemble auf eine neue Kommunikations- und Organisationsstruktur geeinigt. Sollte es gelingen, diese Reform-Schritte umzusetzen, wird das Theater zu einem Pilot-Projekt für ein Reform-Theater. Deutlich wird hier, dass Reform und Gutes Management eng miteinander verknüpft sind, und dass Reformen ohne eine neue Struktur und ein modernes und kritisches Management nicht wirksam werden können, sondern eng mit diesen zusammenhängen.

Erweiterte Management- und Reform-Prinzipien
Die Prinzipien des Modernen Theater-Managements, die ich in den vorangegangenen Abschnitten aufgezeigt habe, sind mit den anstehenden Reformen des Theaters eng verbunden und dienen der Entwicklung einer nachhaltigen und zukunftsfähigen Theaterlandschaft, die aus zahlreichen reformierten und resilienten Theatern besteht. Im Zentrum dieser Reformen stehen als wichtigste Stake-Holder die Mitarbeiter*innen, insbesondere deren Mitbestimmung und Teilhabe an allen wichtigen Entscheidungen:

▶ **Das Neue Personal-Prinzip: The Informed Artist** Die Beziehungen der Theaterleitungen zu ihren Mitarbeiter*innen müssen sich deutlich verbessern und ermöglichen, dass die Mitarbeiter*innen zu **Informierten Künstler*innen** (Schmidt 2017) werden. Um das nachhaltig zu gestalten, muss Macht systematisch und auf ein kontrollier- und nachvollziehbares Maß zurückgeschnitten werden. Es sollten zudem **Mitbestimmungsmodelle** eingerichtet werden, die eine Partizipation des Personals an der Entscheidungsfindung ermöglichen. Das hierarchische Modell der Stadttheater ist vor dem Hintergrund gesellschaftlicher Entwicklungen und aufgrund des eigenen progressiven Anspruches überholt. Ziel muss es sein, dass das Ensemble der Leitung in allen Entscheidungen auf Augenhöhe begegnen kann. Hinzu kommt die Notwendigkeit, die Transparenz in allen Vorgängen sicherzustellen. Dem Prinzip einer **Lernenden Organisation** folgend, darf das Theater weder Wissens- noch Informationsbarrieren haben. Schließlich entstehen daraus *Empowerment,* Gerechtigkeit und Teilhabe.

▶ **Das neue Unternehmens-Prinzip: Non-Profit-Organization** Es umfasst die Umwandlung der Stadt- und Staatstheater in echte Non-Profit-Organisationen mit einer Entkopplung von der engen Anbindung an die Politik, deren strukturelle Auflagen und deren Aufsichts-Regime. Ziel ist es, den Theatern damit mehr Sicherheit hinsichtlich Förderung und Nachhaltigkeit des Betriebes, aber auch eine stärkere Unabhängigkeit vom Zugriff der Politik geben zu können. Die Unabhängigkeit ist der nächste logische Schritt, um die Umklammerung und den permanenten Zugriff durch die Politik zu minimieren. Mögliche modellhafte Vorbilder sind zum Beispiel auch Die Schaubühne Berlin und das Berliner Ensemble, die beide wie normale Stadttheater Zuwendungen vom Land Berlin in Millionenhöhe erhalten, aber als GmbH mit privaten Gesellschaftern weitgehend rechtlich unabhängig sind. Stiftungen, wiederum, sind schwerer auflösbar und nachhaltiger als jede andere Rechtsform, auch sie geben einen rechtlichen Rahmen, um ein modernes Management zu entwickeln. Kuratorium und Vorstand sind zwei Organe, die denen eines Aufsichtsrates und einer Geschäftsführung entsprechen.

Die Umsetzung dieser Prinzipien könnte ein Auftakt sein für eine Reform der öffentlichen Theater mit dem Ziel, deren Spielfähigkeit, deren vielfältige Wirkung und deren Betrieb langfristig und unabhängig zu erhalten und die Ensembles und Künstler*innen wieder stärker in die Entscheidungen einzubinden.

▶ **Das Neue Leitungs-Prinzip: Good Governance** Governance, also die ordnungsgemäße Führung und Leitung eines Theaters, einschließlich der Anwendung entsprechender Verhaltenskodizes, muss eine Grundvoraussetzung für die Entwicklung des Theaters sein. Ohne Regelwerke, ohne Codes of Conduct, und ohne Grenzen, können sich ein Theater und seine Mitarbeiter*innen nicht entfalten. Insofern beruhen alle weiteren Prinzipien auf dieser Voraussetzung. Bislang gab es kein Bewusstsein für den Begriff und die Umsetzung von Governance an den Theatern. Mit der Macht-, der Leitungs- und der Autokratie-Debatte der letzten Jahre hat sich allerdings die Notwendigkeit einer Governance verstärkt, um die Mitarbeiter*innen zu schützen und für eine gute Work-Life-Balance zu sorgen. Zugleich ist diese die Voraussetzung, um die Organisation zu reformieren und zu entwickeln und den Prozessen eine entsprechende Rahmung zu geben.

▶ **Das Neue Organisations-Prinzip: Flow-Organization** Theater sollten zukünftig nach dem **Fließ-Prinzip** organisiert werden, mit dem Strukturen an den Ablauf der Produktions-Prozesse angepasst und die veraltete, hierarchische und spartenbezogene Organisation abgelöst wird. Das Intendantenmodell sollte durch Leitungsteams ersetzt werden. Damit werden Verantwortung und Entscheidungskraft auf ein Team an den Schnittstellen zu den jeweiligen Arbeitsbereichen und Ensembles übertragen, das unmittelbarer mit der Theaterarbeit und dem Personal zu tun hat. Das verbessert die Kommunikation, vereinfacht die Entscheidungswege, führt zu einer Identifikation der Mitarbeiter*innen und einer stärkeren Motivation. Die **Aufhebung der Teilung** zwischen administrativem und künstlerischem Theaterbetrieb (Dichotomie) soll eine größere Durchlässigkeit der Strukturen ermöglichen und damit sowohl die Qualität als auch die Wirksamkeit der Produktionen deutlich verbessern. Mit dem vermehrten Einsatz von Produktionsleiter*innen werden Methoden des modernen **Projekt- und Produktionsmanagements** im Theater ihren Platz finden und langfristig ihre

Wirkung entfalten. Um das durchzusetzen benötigen die Theater einen **Einheits-vertrag** für die bislang vertraglich unterschiedlich behandelten Gruppen an Mit-arbeiter*innen: Nur so werden Reformpotenziale freigesetzt, die das Theater aufgrund seiner literarischen, performativen, visuellen und ästhetischen Kraft hat und in Zukunft haben soll. Dies ist verbunden mit der Einsetzung eines einheit-lichen Vertrages für alle Mitarbeitergruppen.

▶ **Das neue Produktionsprinzip: Deceleration and Creative Producing** Abbau der **Überproduktion** durch einen sorgsamen Umgang mit Ressourcen und durch die Reduzierung der Neuproduktionen und Vorstellungen, um ein inneres Gleich-gewicht und eine Nachhaltigkeit der Theaterarbeit herzustellen. Dies beinhaltet **Entschleunigung,** durch langsamere Produktionsprozesse, längere Produktions-zyklen und Pausen zwischen den Premieren, wie auch eine maßvollere Zahl an Vor-stellungen und Premieren, die dem Personal ausreichend freie Tage innerhalb der Produktionen und zwischen Premieren und Probenbeginn lässt. Ein qualifiziertes **Produktionsmanagement** soll die unkoordinierte Leitung von Produktionen im Theater ablösen, womit Regisseur*innen, Assistent*innen und Technik ent-lastet werden. Es wird zukünftig zu einem Kerninstrument des Theaterbetriebes und seiner Produktionsprozesse. Wie in meinen Ausführungen zum Kreativen Produzenten bereits ausgeführt (2011), sollten in künftigen Modellen mehrere Produzent*innen installiert werden, die als Produktionsleiter*innen wesentliche operative Funktionen auf sich vereinen und bündeln. Mit der Entlastung anderer Funktionen werden dort Potenziale für Personalmanagement und -Entwicklung frei-gesetzt.

In den vorangegangenen Kapiteln wurden neue Elemente eines modernen Managements im Theater und eng damit zusammenhängende strukturelle Ver-änderungen vorgestellt, die dessen Weg von einer geteilten in eine ganzheitliche, resiliente und weit in die Gesellschaft reichende Kulturorganisation ermöglichen. Werden diese mit weiteren Instrumenten kombiniert, wird eine zukunftsfähige Theater-Organisation entstehen. Hierzu gehören: Das Konzept der Informierten Künstler*in, die Umwandlung der Theater in echte, unabhängige NPO, die Implementierung einer Good Governance sowie von Struktur- und Prozess-Innovationen. Hinzu kommen eine echte Entschleunigung der Produktions-prozesse und der Einsatz von Instrumenten des Creative Producing. Werden die neu aufgestellten Theater miteinander vernetzt, und wird es ihnen gestattet, sich im Rahmen einer kreativen Schwerpunkt-Entwicklung in moderne Multi-Funktions-Organisationen zu transformieren, kann ihr Kern, die Kultur-technik des Theaters, geborgen und nachhaltig gesichert werden. Damit wird es auch gelingen, dem Theater den strukturellen Impuls zu geben, der es zu einer zukunftsfähigen, ethischen und nachhaltigen Organisation macht, die auch in einer komplexen Umwelt ihren Aufgabenstellungen nachkommen und auf vielfältige Weise wirken wird. Ein modernes Management im Theater wird diese Prozesse begleiten und anschließend dazu beitragen, die transformierte Theater-Organisation zu festigen und sie bei ihrer weiteren Entwicklung zu unterstützen.

Was Sie aus diesem essential mitnehmen können

- Die meisten Theater in Deutschland stehen unter Reformdruck. Die schlechten Arbeitsbedingungen und niedrigen Gagen der künstlerisch Beschäftigen und der hohe Produktionsdruck, aber auch das Intendantenmodell mit seinen steilen Hierarchien, seiner Intransparenz und den Tendenzen des Macht-missbrauchs haben das Bewusstsein der Beschäftigten für Reformen und Transformationsprozesse geschärft und den Ruf nach modernen Management-methoden im Theater lauter werden lassen.
- Theatermanagement war bislang eine dienstleistende und unter die künst-lerische Leitung des Theaters untergeordnete Disziplin; es konnte deshalb weder konzeptionell, strategisch, noch operativ in dem Maße greifen, wie es erforderlich ist.
- Modernes Management reflektiert als neues Modell des Theatermanagements die wesentliche Aufgabe, sich als neues leitendes Management zu ver-stehen und zu etablieren. Es umfasst die künstlerische, strategische und administrative Leitung und ist eng mit den anstehenden Reform-Prozessen, insbesondere der Lösung der Strukturfrage verbunden.
- Das Moderne Management im Theater besteht auf einer neuen Unternehmens-Philosophie und -Politik, mit der erstmals allen Stake-Holdern, insbesondere den Mitarbeiter*innen weitreichende Mitsprache-Rechte eingeräumt, aber auch Ethik und Nachhaltigkeit integriert werden. Das Theater wird in diesem Kontext zukünftig als Lernende Organisation fungieren, um seine Zukunft durch stetiges Lernen, durch Erneuerung und Entwicklung zu sichern.
- Theater werden sich in Anbetracht der verändernden Rahmenbedingungen diversifizieren und in moderne, künstlerische Multi-Funktions-Unternehmen entwickeln, die in wechselseitigen Kooperationen und Kollaborationen außenstehende, Theaternahe Organisationen in die Prozesse integrieren

(u. a.: Music Studios, Diskurs-Räume, Jugend-, Tanz-Zentren, Zentren für Lebenslanges Lernen); sie vernetzen sich mit anderen Theatern an anderen Standorten zu überregionalen Performance-Netzwerken, mit denen sich die Theaterlandschaft in einer neuen Qualität präsentiert, legitimiert und wieder stärker verdichtet.

- Mit neuen Management- und Reform-Prinzipien sollen Management und Reformen miteinander verknüpft werden. Hierzu zählen die Konzepte der Informierten Künstler*in, der Good Governance, der Entschleunigung der Prozesse und der ethischen Reform. Die Umwandlung der heute öffentlichen Theater in NPO würde hierbei zur Zukunftsfähigkeit und Nachhaltigkeit der Theater und der gesamten Theaterlandschaft beitragen.

Literatur

ACHOURI (2015): *Human Resources Management.* Springer Gabler.

ARGYRIS, Chris (1993): *On Organizational Learning.* Wiley.

BNN (2020): Badische Neueste Nachrichten. Überholte Theaterstrukturen. Warum die „Causa Spuhler" nicht nur ein Karlsruher Problem ist. 9. Juli 2020

BOURDIEU, Pierre (1999): *Die Regeln der Kunst.* Suhrkamp.

BRUHN, Manfred (2014): *Relationship Marketing.* Vahlen.

BUCHANAN, James M. (1985): *The Reason of Rules – Constitutional Political Economy.* Indianapolis.

DBV (1990–2016): Deutscher Bühnenverein. Theaterstatistiken 1990/1991 und folgende, Köln.

FOUCAULT, Michel (2005): Analytik der Macht. Suhrkamp.

FREEMAN, R. E. (1995): Strategic Management: A stakeholder approach. Boston: Pitman.

GAU, Sönke (2018): Institutionskritik. Transcript. Bielefeld.

IDEN, Peter (1979): Die Schaubühne am Halleschen Ufer, 1970–1979. Fischer.

KAHNEMANN, TVERSKY (1979): Prospect Theory: An analysis of Decision under Risk. In: Economica 2 (47) 263–291.

KRÜGLER, Eberhard (2011): Compliance. Ein Thema mit vielen Facetten. In: Umwelt Magazin, 7/8

LEHMANN (1999): Postdramatisches Theater, Transcript

LESSING (1767): Hamburgische Dramaturgie.

MARSHALL/MCLEAN (1985): Exploring Organisation Culture as a Route to Organisational Change. In: Valerie Hammond (Hg.): Current Research in Management. London: Francis Pinter, S. 2–20.

MEYER/ROWAN (1977): Institutionalized Organizations. Formal Structure as Myth and Ceremony. In: *American Journal of Sociology* 83, S. 340–363.

MINTZBERG, Henry (1994): *The Rise and Fall of Strategic Planning.* The Free Press, New York.

ROTHMAN, A.J. et al. (1993): The influence of message framing on intentions to perform health behaviors. Journal of Experimental Social Psychology, 29, S. 408–433.

RÜEGG-STÜRM/GRAND (2015): Das St. Gallener Management Modell. Haupt. Bern.

RÜHLE, Peter (2008), (2014): Theater in Deutschland 1887–1945/1945–1967. S. Fischer Verlag.

SCHEIN, Edgar (1995): Working the shadow side. Jossey-Bass.

© Springer Fachmedien Wiesbaden GmbH, ein Teil von Springer Nature 2020
T. Schmidt, *Modernes Management im Theater,* essentials,
https://doi.org/10.1007/978-3-658-32025-6

SCHMIDT, Thomas (2012): Theater-Management. Eine Einführung. VS.
SCHMIDT, Thomas (2016) Theater, Krise und Reform. Eine Kritik des deutschen Theater-
     systems. VS.
SCHMIDT (2017): Der informierte Künstler. Nachtkritik. April.
SCHMIDT, Thomas (2019a): Die Regeln des Spiels. Spielplan und Programm im Theater.
     VS.
SCHMIDT, Thomas (2019b): Macht und Struktur im Theater. Asymmetrien der Nacht. VS.
STAT (2016), Statistisches Bundesamt.
ZERFASS (2010): Unternehmensführung und Öffentlichkeitsarbeit. Springer VS.

Printed in the United States
By Bookmasters